子どもたちに伝えたい 90 のレシピと
植えること　料理すること　食べること

田中愛子

INTRODUCTION
はじめに

「食卓の上のフィロソフィー」
それは、人々が育んできた食文化を未来へとつなぎ
家庭の食卓から地球の未来を変える、小さな革命です。

オバマ大統領の側近と言われた米国のジャーナリスト、トーマス・フリードマン氏が2008年に発刊した著書「グリーン革命」で提言しているように、私たち人類にとって「HOT, FLAT, CROWDED」…すなわち「地球温暖化・市場の均一化・世界人口の増加」の3つが大きな課題となっています。実際、毎日のようにニュースでは世界各地から大雨や干ばつ、自然災害の深刻な状況が報告されています。

これまで人間は長い歴史の中で、常に「飢え」と闘ってきました。そして大いなる自然と向き合う中で経験を重ね、知恵を紡ぎ、暮らしを守り、育んできたのです。そうした流れの中で、より暮らしを便利にし、人間がこの世界で楽に快適に生きていくための術として、化学、生物学、機械工学などの"テクノロジー"が発達。それらによって人々の生活は一変し、その恩恵のもとに「安くて、おいしくて、簡単な食べ物」が世界中にあふれるようになりました。

その結果、食卓の上はグローバル化を象徴するように世界各地の食べ物で満たされ、世界中で同じものを食べるようになります。そうした食べ物で育った若い人々の間では、それぞれの国や地域で受け継がれてきた食習慣や食文化が失われつつあることが大きな問題になっています。

さらに問題はそれだけにとどまりません。その「安くておいしい食べ物」を生み出すためには、コストを抑えるための大量生産、遺伝子組み換え食材、合成添加物・保存料などの使用などが必須となっており、人の健康や自然環境に大きな負担がかかっているということも事実です。

また、こうした経済のシステムの中で、食糧の生産国＝途上国と消費国＝先進国との間に大きな経済格差が生じています。外貨をかせぐために消費国に食物を輸出して生産国自身が食料不足になったり、また不当なコストでの取引による貧困、そしてそれらが原因となって起こる紛争や飢餓は、私達がいま一番心を痛める世界共通の問題です。

私の心からの願いは、食という視点からそれらの問題意識をひとりでも多くのみなさんにお伝えすること。そして、微力でも「家庭料理の力」によって、問題解決のきっかけを作ることです。

山や海の生物の多様性を守り、さまざまな国々の食文化や食の伝統を次世代に継承すること。
そしてやさしい笑顔にあふれた、健やかな暮らしが未来へと続くこと。
そのために「家庭料理の力」が大きな役割を果たすと考えています。

本書のレシピページのメニューでは、野菜、肉、穀類などをバランスよく取り入れながらも、添加物をなるべく使用せず、食材本来の味を楽しめるように、日本家庭でよく用いる基本的な自家製調味料やソースなども紹介しました。
オーガニックの食材にこだわる方でも、意外にこの「調味料やソース」に目を向ける方は少ないように思います。常温で長期保存ができる調味料やソースには、当然のことながら添加物が多く含まれていることがあります。大切な人の健康を守るためにも、少しめんどうですが「一手間かけて、本当の味」を食卓で用いることが大切なのではないでしょうか。

さらに本書は、現在子育て中の方はもちろん、これから家庭を持たれる方、ひとり暮らしの方や若い学生さんたちにもぜひ読んで、使っていただきたいという想いを込めています。
そのため、和・洋・中・エスニックと多彩な料理を楽しむ日本の食卓そのままに、私のルーツである伝統的な"なにわ惣菜"から、世界各国で学んだユニークでお手軽な料理もたくさん紹介させていただきました。
この一冊でバラエティ豊かで健康的な家庭料理を一通り作れるようにとの願いから、これからの世界を担う世代に伝えていきたい90のメニューをセレクトしています。

家族を愛することは街を愛すること、街を愛することは国を愛すること、国を愛することは地球を愛することです。

毎日の暮らしの中で土に触れ、自然のやさしさや素晴らしさを体験しながら、自分で植えて育てたものを料理して食べる幸せはかけがえのないものです。
日々の暮らしを大切に、健やかな愛情いっぱいの食卓と家族の笑顔が溢れる食卓を次世代にも繋ぎたい。
この素朴な願いがきっと健やかな地球の未来を約束してくれると信じています。

大阪樟蔭女子大学 教授　田中愛子

AIKO TANAKA
Philosophy on our table

002　Introduction
　　　家庭の食卓から地球の未来を変える「小さな革命」
006　Philosophy on our table
　　　食卓の上のフィロソフィー 10の提言

Chapter I
ハーブや野菜を植える・育てる・収穫する
Planting, Growing and Harvesting the Herbs & Vegetables

010　まずは土と地球と植物のことを知ろう
012　ハーブを育ててみよう！
014　ハーブを使って料理しよう

Chapter II　料理する
Cook Thoughtfully Every Day

016　野菜の恵みをいただく
　　　Fresh Vegetable from Farm
017　recipe #001　スプリングガーデンサラダ
　　　recipe #002　手づくりマヨネーズ
018　recipe #003　ファーマーズサラダ
019　recipe #004　タスマニアンポテトサラダ
020　recipe #005　赤かぶと金柑のサラダ
021　recipe #006　にんじんサラダ
　　　recipe #007　キャベツのカレー風味サラダ
023　recipe #008　トマトとモッツァレラのストラータ
024　recipe #009　ブルスケッタ

026　毎日のご飯
　　　Rice Foundation of Japanese Cooking
027　recipe #010　白いご飯の炊き方
028　recipe #011　春の香りの豆ご飯
029　recipe #012　新しょうがご飯
030　recipe #013　三色ご飯
031　recipe #014　マグロと魚介のキムチ丼
033　recipe #015　秋のきのこ寿司
034　recipe #016　ハヤシライス
　　　recipe #017　ドミグラスソース(ブラウンソース)
036　recipe #018　みそ入り健康カレー
037　recipe #019　五目炒飯
038　recipe #021　ホワイトソース
　　　recipe #020　子供たちに大人気！ドリア
039　recipe #022　手づくりケチャップ

040　おいしい出汁をひく
　　　Perfect Dashi and Japanese Soup
041　recipe #023　こんぶとかつおの出汁
042　recipe #024　シャキシャキ炒めみそ汁
043　recipe #025　鶏団子のすまし汁
044　recipe #026　しめじと鶏の宝楽焼き
045　recipe #027　具だくさんけんちん汁

046　なにわのおかず
　　　Naniwa Heritage Dishes
047　recipe #028　みんなで食べたい「おにぎり膳」
　　　recipe #029　ひとくち ごま豆腐
048　recipe #030　だし巻き
049　recipe #031　いとこ煮
　　　recipe #032　れんこんのきんぴら
050　recipe #033　肉じゃが
051　recipe #034　鯛かぶら
052　recipe #035　切り干し大根と大豆のはりはり漬け
053　recipe #036　わが家の自慢お好み焼き

054　おいしい！肉料理
　　　Yum! Amazing Meat Dishes
055　recipe #037　ローストポークとアップル・マヨネーズ添え
056　recipe #038　スペアリブの甘煮
057　recipe #039　マーマレード・ローストチキン
058　recipe #040　鶏肉の唐揚げ
059　recipe #041　鶏ハム
061　recipe #042　煮込みハンバーグ
062　recipe #043　NY風スパイシーグリルステーキ
063　recipe #044　牛しゃぶとぶどうの
　　　　　　　　　ハーブドレッシング添え
064　recipe #045　ミラノ風カツレツと
　　　　　　　　　チアシード＆フルーツサラダ
065　recipe #046　ガーリック・ローズマリーオイル

066　島国の豊かな魚料理
　　　Finest Fish Dishes
067　recipe #047　いわしのオイル漬け
068　recipe #048　中華風鯛のカルパッチョ
069　recipe #049　かれいの煮付け
070　recipe #050　フィッシュ アンド チップス
071　recipe #051　ぷりぷり・エビマヨ

072	超カンタン！豆腐のおかず *Awesome Tofu Dishes*	102	ホームメイドのおやつ *Goodies! Sweets and Cakes*
073	recipe #052 アボガドとトマトの豆腐 recipe #053 塩とオリーブ油で豆腐	103	recipe #078 オリーブオイルのカップケーキと フレーバーバター recipe #079 フレーバーバター
074	recipe #054 豆腐ステーキみそソース	104	recipe #080 ニューヨークビスケット
075	recipe #055 ゴーヤーチャンプルー	105	recipe #081 Yukiのバナナマフィン
076	ほっこりシチューとスープ *Stew and Soup*	106	recipe #082 アップル チーズケーキ
077	recipe #056 ヘルシー・ミネストローネ	107	recipe #083 りんごジャム
078	recipe #057 チキンクリームシチュー	108	recipe #084 マシュマロ フルーツ
079	recipe #058 ほうれん草のスープ	109	recipe #085 3色ゼリーのパフェ

Chapter III 季節の暮らしの知恵
Taste of the Season

- 080 recipe #059 にんじんのスープ
  recipe #060 洋風かきたまスープ
- 081 recipe #061 お豆のスープ

- 110 recipe #086 梅のはちみつ酢漬け
- 111 recipe #087 紫蘇ジュース
  recipe #088 梅干し漬け
- 112 recipe #089 わが家のぽん酢
  recipe #090 田中さんちのふりかけ

082 パスタと麺・点心
Dim sum, Noodle and Pasta

- 083 recipe #062 クスクスのサラダ
- 084 recipe #063 マレーシア風ペンネアラビアータ
- 085 recipe #064 豆と野菜のファルファッレ
- 086 recipe #065 中華風焼きそば
- 087 recipe #066 なにわのきつねうどん
- 088 recipe #067 チキン照り焼きラーメン
- 089 recipe #068 お家の餃子

Chapter IV みんなでいただく
Let's Eat Together!

- 115 集いのテーブル
- 116 和のしつらえ
- 118 聖夜の食卓
- 119 初春のお祝い

090 おうちで手作りパン
Home Made Bread

- 091 recipe #069 ふわふわフォカッチャ
- 092 recipe #070 フレッシュ トマトのピッツア
  recipe #071 トマトソース

Chapter V 動き始めた、食と地球の未来
The Future of Food Culture and the Earth
〜広がる「食卓の上のフィロソフィー」の軌跡〜

094 朝ごはんを食べよう
Breakfast Everyday

- 095 recipe #072 日本の朝食
  recipe #073 しいたけ昆布
- 096 recipe #074 フルーツグラノーラ
- 098 recipe #075 クラシック パンケーキ
- 100 recipe #076 グリーン・スムージー
  〜ほうれん草とにんじん〜
- 101 recipe #077 アーモンドミルク ミントシロップ

- 120 @School 学校
- 123 @Community コミュニティー
- 124 @Professional 食のプロ
  @Enterprise, Organization 企業・団体
- 125 Aiko Tanaka Profile
  田中愛子プロフィール
- 126 With All My Hearts… あとがきにかえて
  食卓の上のフィロソフィーを育んだ時代の空気と、
  未来への希望と

Philosophy on our table
［食卓の上のフィロソフィー 10の提言］

次世代を担う子どもたちや地球の未来のために、今、私たちができること。
ここに挙げたものは、その10の提言です。
「家庭の食卓での小さな積み重ね」がやがてすこやかな人を育て、社会を形づくり、
世界へと広がって、ゆたかな未来を作っていくのです。

1
毎日、心をこめて
お料理をしましょう。
Cook thoughtfully every day.

家族や大切な人が喜ぶ顔を思い浮かべながら。もちろんひとり暮らしの人も、自分自身の身体と心が喜ぶおいしい料理を作りましょう。

2
ハーブや野菜を育て、
土の恵みに感謝しましょう。
Plants a garden, appreciate all foods from the soil.

自分の手でハーブや野菜を種や苗から育ててみましょう。命を育む喜びを知れば、植物の命をいただくことに感謝する気持ちが芽生えます。

3
人と語りあい、
笑いあえる食卓を人生の宝物に。
Treasure mealtime conversation with smile and a peaceful mind.

心を込めて作った料理をみんなで囲めば、自然と楽しい会話が生まれます。食卓での時間は何ものにも変えられない大切な人生の瞬間です。

4
食卓の器やキッチンの道具は、
それ自体がひとつのアート。
*Setting the table is an art form.
Every dish and utensil plays a part.*

テーブルの上の器や箸、フォークにナイフ。包丁や鍋、お玉などキッチンの道具。職人が丹精込めて作った食の道具は、暮らしの中の小さなアートです。

5
どんなレシピにも
知恵と愛情が詰まっています。
*Even new recipes can benefit
from the love and wisdom
of your cooking heritage.*

3分でできる超カンタンお惣菜でも、まる1日かけて煮込む料理でも。どんなレシピにも、それが生まれた理由や歴史があり、食べる人を想う作り手の心が込められています。

6 ひとつひとつの食材には、世界の歴史と文化が詰まっています。
Dining tables can display world history and food culture.

しょう油にみそ、バターにチーズ、パスタに生ハム…世界のさまざまな食材には、長い時をかけて育まれたその国の文化と歴史と風土が詰まっています。

7 食卓のマナーを守り、美しく食べる習慣を大切に。
Dine with respect for manners.

食卓のマナーは、食材や料理に感謝して美しくいただき、みんなで楽しい時間を過ごすためのお約束ごと。世界各国のマナーを学ぶことは、その国の食文化を知ることでもあります。

8 世界で起きている「現実」と「真実」にも目を向けましょう。
Let's pay more attention to reality and the truth happening in the world.

今、世界の途上国では8億もの人々が飢えに苦しんでいて、その70％が幼い子どもたちであること。日本は年間5500万トンの食糧を輸入しながら、1800万トンも廃棄していること。そして、その半分以上にあたる1000万トンが家庭から捨てられています。その事実を聞いて、みなさんは何を考えますか？

9 「すこやかでおいしい食」は人格を育て、持続可能な未来を築きます。
Healthy dining creates better personality for a sustainable world.

私たちの身体は、日々の食べ物によって作られています。心を込めて作られたおいしい料理をバランスよく、規則正しく食べる人は、心も身体も健康になります。そんなポジティブなエネルギーによって、私たちの社会の未来は作られていくのです。

10 すこやかな地球の未来のために、毎日の食卓から小さな革命を。
Healthy dining is the best nutrition for the future.

2000年以上にわたり、豊かな自然の中で先人たちが育んできた日本の食文化。地域の個性と多彩な味覚にあふれた日本の食文化が今、失われつつあります。世界の食の問題を見据えつつも、独自の文化を守るために、日々の食卓の上から小さな革命を起こしましょう。

「食卓の上のフィロソフィー」を実践する 5つのアクション

- 1. 植える
- 2. 育てる
- 3. 収穫する

⇄

- 4. 料理する

⇄

- 5. 感謝していただく

THE ORIGIN OF
Philosophy on our table

「食卓の上のフィロソフィー」のルーツ
[3人のアメリカ人女性が起こした食の革命]

ORIGINE 01
Alice Waters

この「食卓のフィロソフィー・10の提言」をご紹介するにあたり、私がたいへん尊敬し、影響を受けた3人のアメリカ人女性のお話をしましょう。
一人目の女性の名はアリス・ウォータース。1970年代のアメリカの農業は、農薬と化学肥料による大量生産に突き進んでいました。そんな時代に、アリス・ウォータースはカリフォルニアのバークレー近郊の農家を尋ね回り、オーガニックで野菜を作っていただくようお願いしながら、「地産地消・無農薬有機栽培」のコンセプトを貫いた料理を『シェ・パニーズ』というレストランで提供し続けました。その結果、彼女の食の哲学に多くの人々が賛同し、『シェ・パニーズ』の料理はカリフォルニア・キュイジーヌの代表として世界に知られるようになり

ます。さらに1995年、彼女は店の近隣にあったルーサー
キング・ジュニア中学校からある相談を持ちかけられます。
「今、生徒たちは荒れに荒れていてまともに授業もでき
ません。このままでは学校として機能しなくなってしまい
ます」。彼女はその危機を見事に救ってみせました。その
方法とは、まず中学校の駐車場を野菜畑にすることで
した。少年・少女たちはそこで畑の土づくりから始まり、
野菜を育て、その野菜を使って自分たちで料理し、みん
なで食事をするようになりました。たったこれだけのこと
で、学校で起こっていた問題がほぼ解決したのです。野
菜づくりを通して自然の営みやエコロジーを学んだこと
に加え、メンタル的にも五感が発達して、少しぐらい嫌
なことがあっても我慢したり、他人と譲り合ったりするこ
とを知り、人間的にも大きく成長しました。また、テーブ
ルに座って美しく食べる習慣をつけたことで、やさしい
心と笑顔と語らいが生まれました。ルーサーキング中学
校でのこの『エディブル・スクールヤード』(食育菜園)の
プロジェクトは、バークレー市の公立中学校のカリキュ
ラムとして正式に採用され、「おいしい革命」として広く
アメリカ全土に広がっていきました。現在では全米の
3,000校の公立中学校で実施されています。ちなみに、
オバマ大統領夫人・ミシェルさんはアリスをホワイトハ
ウスの顧問として招き入れ、ホワイトハウスの庭の2/3
を野菜畑とし、自ら家族でそれを耕したそうです。

ORIGINE 02
Fannie Farmer

二人目の女性は社会学者のファニー・ファーマー。
彼女は世界初の家庭料理のレシピブックと言われてい
る『ボストン・クッキングスクール・クックブック』を1896
年に出版。ヨーロッパ各地から移住してきたばかりで情
報もなく、栄養失調や飢餓で苦しんでいた人々に、アメ
リカの食材を使った合理的な家庭料理のレシピを提
案しました。「栄養素を学び、合理的な調理法を身につ
け、何をどのように食べるかを理解することが家族を栄
養失調から守ることになる」という言葉通り、レシピに初
めて「メジャーカップ」「大さじ・小さじ」といった計量器
を採用し、家庭料理の簡便化と合理化に革命的な働
きをしました。

ORIGINE 03
Rachel Carson

そして三人目は生物学者のレイチェル・カーソン。
彼女が1962年に著した『沈黙の春』という著書は、現
在も自然環境学の分野で世界的に有名です。その内容
は世界で初めて農薬に使われている化学物質の危険
性を説き、半年の間に全米で50万部を完売しベストセ
ラーとなりました。著書の中で彼女は、有害な農薬が土
に染み込み、やがてそれが川から海へと流れ込み、海
洋汚染を引き起こすと警告。無農薬の農業への転換を
提唱し、「オーガニック」という言葉を世界中に知らしめ
ました。しかし、彼女は当時の企業やマスコミから多
大なバッシングを受け続け、その最中に56歳で亡くな
りました。アリス・ウォータースも彼女の理論に影響を受
けた一人だと言えるでしょう。

男性中心の経済社会の中で、食品業界も成長する経
済に合わせて巨大化し、グローバル化していきました。
ファーストフードが世界を席巻し、冷凍食品が多様化
し、化学添加物が増大し、いつのまにか人々は安くて
勘弁なものを欲し、化学の味をおいしいと感じるように
なってしまいました。しかし、女性の感性は身近な生活
の中から生まれる疑問を切り取ってその本質をあぶり
出し、問題を自分自身のこととして考え、行動する力を
持っています。こうした大局的なコントラストを描くアメ
リカ社会において、食の革命を起こしてきた女性たち
は、一人で立ち上がり、コツコツと自分のペースで歩み
続け、社会に大きな影響を与えてきたのです。
私自身も、そんな彼女たちの考えを学ぶうちに「未来の
子どもたちのために何かできることはないだろうか?」と
考えるようになりました。その結果、「土の恵みの体感」
「収穫の喜び」「分かち合う幸せ」を伝えたい…でも、野
菜畑づくりは簡単ではないから、すぐに育つハーブを教
材に「植える」「育てる」「収穫する」「料理する」「感謝
してみんなでいただく」の5つのステップを基本とした
カリキュラムを組み立てました。
そこに込められた想いこそが、ここにご紹介する食卓の
フィロソフィー・10の提言なのです。

ハーブや野菜を
植える・育てる・収穫する

まずは土と地球と植物のことを知ろう

私たちは日々の食事をするために料理をします。
でもその前に、その食材たちはどこでどうやって育ったものなのか、
やがて私たちの血や骨や肉と変わるその食べ物が
いったいどこからやって来たのか？ それを知ることは、
私たちの健康と地球の未来のためにとても大切なこと。
食物のルーツに立ち戻ってみると、
地球の生命の循環の中で私たち人間が
生かされていることに気づかされます。
私が一緒に食育活動をしているグリーンエコロジストの
堺 美代子さんは、自然農法のスペシャリスト。
そんな彼女が地球と植物の不思議について、
またハーブの植え方・育て方・収穫と
利用方法についてご紹介します。

植物の成長を通して
「命の大切さ」を知る

日本でも昭和以前の昔は、食べ物と命の関係がすぐ見える場所にありました。家の近くには田んぼや畑があって、四季の作物が採れ、家で飼っているニワトリから卵をもらったり、その肉を食べたり。魚も家でさばいていただいていました。ところが今はスーパーできれいに土を落とした野菜が並び、パックに入って切り身の状態で肉や魚が売られています。子どもたちは、食料と命の関係を知らずに育つのです。
小学校の食育の授業で、「この豚肉や牛肉はもともとはどこにいたの？」と子どもたちに問いかけると、「豚さんや牛さんは牧場にいた」などと答えます。さらに、「この豚さん、牛さんは生きてるの？」と尋ねると、そこでようやく子どもたちは生き物の命を奪って人が食べ物を得ていることに気づきます。「じゃあ、もしこのおかずを食べずに残して捨てたら、かわいそうだよね」。重ねて子どもたちにそんな話をしているうちに、この小学校では給食を残す子どもはほとんどいなくなりました。
もちろん、野菜や穀類などの植物も、地球に生きる生命のひとつです。動物と違って手軽に私たちの手で育て、収穫することができるので、子どもたちはもちろん、大人にとっても「植物を育てる」ということは、食物と命の関係を知る大切な手がかりのひとつになります。

植物と土と地球と。
「恒常性」を保った関係

植物が成長し、葉が茂ると、そこに虫たちがやってきて葉を食べます。もっと成長して実がなると、今度は虫だけでなく鳥やサルやイノシシもそれを目指してやってきます。植物を食べに集まった動物たちは、そこに大切な「落し物」…つまりフンをして去っていきます。そのフン

が土の中の微生物たちによって分解され、土へと変化し、植物に養分を与えます。そうした循環の中で植物は成長しているのです。

植物は土中の栄養分と水分を吸って成長しますが、面白いことに植物によって「好み」があるのです。植物の三大栄養素と言われているのがチッソ、リン酸、カリウムですが、植物によってチッソ好きなもの、リン酸好きなもの、酸性土が好きなもの、アルカリ性土が好きなものといった特徴があります。

たとえば、畑によく生えるスギナという草は、酸性の土を好みます。農家の方は抜いても抜いても生えてくるスギナと格闘するわけですが、それがある日、突然枯れてしまう時期があります。ホッとしたのもつかの間、今度はまた別の場所に生え始めます。これは何を意味しているのでしょうか？ 実はスギナには酸性の土を中和させる役割があるのです。土壌が中和されたら、スギナはその役目を終えて枯れていきます。そしてまた、別の酸性の強い土のところにスギナが生える…ということになります。

そうした特性を生かして考えられたのが、昔はよく見られた、米を収穫した後の田んぼに咲くレンゲの花の光景です。レンゲは豆科の植物。この豆科の植物はチッソを空気中から吸収して取り込み、根の部分のこぶのような「根瘤菌」に貯蔵し、米の収穫でチッソが不足した田んぼにそれを補う役割をしているのです。こうした科学の知識のない昔の人が、どうしてこのような名案を思い付いたのか、本当に不思議です。このように、土と植物には自ら周囲の環境を整えてあらゆる生命が共存できるようにする「恒常性」があるのです。

しかし、これが人の手によって必要以上に多くの肥料を与えすぎると、また弊害が出てきます。たとえそれが鶏糞などの天然の肥料だったとしても、与えすぎると栄養過多になって立ち枯れしてしまいます。さらに、植物自身が余分な栄養分を「毒素」として葉に蓄えることもあります。たとえば、肥料をまいたことでチッソ過多になり、それを毒素として葉に蓄えた野菜を、虫が食べる。すると、その虫は死にます。ある種類の虫が死ぬと、今度は別の種の虫がやってきて…と虫の大量発生を招く結果に…。結果として人の手によって自然のルールを壊してしまうのです。

自然のままのおいしさと安心・安全

このように、小さな畑を自分で作るだけでも、地球の命の循環を目で見て、肌に感じることができます。さらに、自分で農薬や化学肥料などを使わずに作った作物は、何よりも安全で安心です。現代の流通システムに乗せるために作られる野菜には、実はいろいろな農薬や化学肥料が使われていることが多くあります。また見た目を美しくするために、本当に野菜がおいしくなる前に収穫されてしまう場合もあります。たとえばトマトはヘタが取れただけで商品にはなりません。そのため、まだ青いうちに収穫して、赤く色づくまで保存されますが、枝についたままの完熟ではないので、旨みが非常に少なくなってしまいます。私たちが日々、食している野菜には、そうした背景を持つものが少なくありません。

最近では、土を触るのさえ嫌がる子ども、虫を恐れる子どもが本当にたくさんいます。しかし、植物が青々と茂り、そこにいろいろな種類の虫が集まり、動物が集まってくる場所の土はとても豊かで、おいしい作物を実らせることができます。そんな地球のあるべき姿を子どもたちに知ってもらうために。また都会に暮らす大人たちも、その大自然の摂理をもう一度、思い出すために。小さな菜園をつくることはとても貴重な体験となるはずです。

Chapter I　ハーブや野菜を植える・育てる・収穫する

✓ ハーブを育ててみよう！

野菜はお手入れが大変なうえ、
収穫までに数ヵ月という時間がかかります。
ハーブなら生命力が強く、お手入れも簡単で
短期間ですぐに収穫して楽しむことができます。
菜園の一歩は、まずはハーブから。
お庭がなくても、キッチンの小さな植木鉢や
ベランダのプランターでもかまいません。
毎日の暮らしの中で、植物と触れ合う時間を作りましょう。

簡単に育てられる ハーブいろいろ

おうちで簡単に育てられて、
お料理にも使いやすいハーブたち

PLANTING THE HERBS

Rosemary ［ローズマリー］
シソ科に属する常緑性低木。肉料理などによく用いられる。消臭、抗菌、抗酸化作用があり、古代から薬用に用いられている。

Basil ［バジル］
シソ科メボウキ属の多年草。イタリア料理に多用され、カプレーゼ、ピッツア、パスタのジェノベーゼソースなどが有名。

Parsley ［パセリ］
セリ科の二年草。カーリーパセリ、イタリアンパセリなどいろいろな種類がある。そのままちぎって、また細かく刻んで料理に添えたり、ソースやドレッシングなどに利用される。

Mint ［ミント］
シソ科ハッカ属の多年草。メントールの爽快感で、カクテルや薬用酒、お菓子や料理にも多用される。虫除けや消臭効果もあるとか。

Dill ［ディル］
セリ科の一年草。葉は香草焼き、マリネなど、魚料理によく用いられる。種子はスパイスとして用いられ、健胃効果があると言われている。

Sage ［セージ］
シソ科アキギリ科の多年草。抗酸化作用が強く、古くから薬草として親しまれてきた。ハーブティーのほか、ソーセージなど加工肉の香辛料に使われる。

Thyme ［タイム］
シソ科イブキジャコウソウ属の植物。フランス料理のブーケガルニなど、スープ、シチューの香り付けに使われる。

Lavender ［ラベンダー］
シソ科ラヴァンドラ属の植物。紫色の花を咲かせ、その清涼感あふれる香りから、ポプリの材料やハーブティー、化粧水などに用いられる。

HERB

Chapter 1 ハーブや野菜を植える・育てる・収穫する

PLANT（植える）
☑ ハーブの植え方のポイント

ハーブは種から植える場合と、苗を植え付ける場合があります。まず、土をよくほぐしてプランターやポットの八分目ぐらいまで入れます。次に、土に苗が入るぐらいの穴を掘ります。苗の場合はポットを手でよく揉みほぐして、土を柔らかくしておきましょう。こうすることで根が広がって生育がよくなります。
種の場合は、土の上に均等にまいた後、うすく土をかぶせておきます。
いずれも、プランターは日当たりのいい場所に置き、植えた後にたっぷりと水をかけてあげましょう。

GROW（育てる）
☑ 水のあげ方

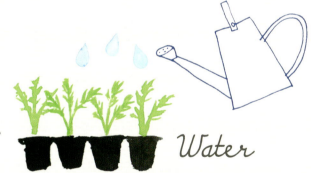

ハーブは毎日水をあげる必要はありません。
目安は土が乾いてきたら水をあげるぐらいでOK。
水のやりすぎは
根腐れの原因になりますので注意して。

☑ 虫が来たら
「手でト〜ル」がいちばん！

ハーブが育ってきたら、
青虫やバッタや毛虫など、いろんな虫が付く場合があります。
そんな時は、殺虫剤ではなく、
軍手をはめて「手でト〜ル」＝手でつまんで取り除くこと〜が
いちばん効き目があります。
虫がどうしても気持ち悪い場合は、割り箸などで行ってもいいですね。

HARVEST（収穫する）
☑ ハーブを使って料理しよう

ハーブが育ってきたら、葉を摘み取ってお料理に使ってみましょう！
摘み取ってもまたすぐに生育するのもハーブのメリットです。

COOKING WITH HERBS

HERB

P.055 #037

Rosemary

お肉料理や魚料理にローズマリー。
生臭さを消してくれる名脇役。

P.024 #009

Basil

パスタやピザソースにバジル。スライストマト、
モッツァレラチーズを添えてカプレーゼに。

P.073 #052

Parsley

パセリでいろいろな料理に
彩りと芳香を添えて。

P.109 #085

Mint

アイスティーや酎ハイなどのドリンクにミント。
デザートの上に添えてもおしゃれ。

Chapter 1 | ハーブや野菜を植える・育てる・収穫する

P.019 #004
Dill

Thyme, Rosemary, Sage

サラダの彩りとして。ふんわりおしゃれな雰囲気を添えてくれるディル。みずみずしい香りで、ポテトとの相性もいいハーブ。

タイムやローズマリー、セージなどをオリーブオイルやビネガーに漬けておくと、その芳しい香りが移ります。パスタや肉料理、サラダなどに重宝します。

P.017 #001
Lavender, Dill

サラダにラベンダーをあしらって。見た目だけでなく、その香りも一緒にいただきます。

☑ 暮らしの中で役立つハーブ

ハーブは料理の他にもいろいろな用途に使えます。
- つみ立ての葉にお湯を注げばハーブティーに。
- 食卓のテーブルフラワーやフラワーアレンジメントに。
- 小さな袋に入れて、クローゼットなどの虫除けに。
- そのままバスタブに入れてハーバルバスに。
- ドライにしてリースにしたり、ポプリにすると香りを長く楽しめます。
- 手作りのキャンドルや石鹸、バスソルトなどに入れると、美しい彩りとともに、爽やかな香りが楽しめます。

Herbs

LIVING WITH HERBS

Fresh Vegetable
from Farm

野菜の恵みをいただく

野菜は季節のおいしさあふれるおくり物。
そのフレッシュな持ち味と大地からもらった栄養を大切に、
シンプルな料理でたっぷりいただきましょう。

recipe #001
Garden Salad in Spring
スプリングガーデンサラダ

春になると、わが家のキッチンガーデンにはハーブの花が咲き
ワイルドストロベリーが真っ赤な愛らしい実をつけパープルのラベンダーの香りが風にそよぎます。
その一つひとつをお皿に盛り込んだら、こんなきれいなサラダになりました。
おうちにあるハーブやお花を使って、春の気分を楽しみましょう。

材料 [4人分]

セロリ	1本
白菜	150g
キャベツ	150g
オレンジ	1個
みょうが	2個
ディルなどのハーブ	適宜
ワイルドストロベリー、ラベンダーなどの花	適宜

[ドレッシング]

オレンジの絞り汁	大さじ2
レモン汁	大さじ1
生クリーム	大さじ2
牛乳	大さじ2
塩	小さじ3
カイエンヌペッパー	小さじ3

how to...

1. セロリは薄切りにする。白菜は芯の部分を使用、キャベツは芯を切り取り、どちらも5cmぐらいの長さの薄切りにする。みょうがは洗って一枚ずつ皮をはぎ、重ねて細い千切りに。芯のところはそのまま千切りにする。オレンジは皮をむき、実だけを使う。
2. ドレッシングを作る。ドレッシングの材料をよく混ぜ合わせておく。
3. 器に(1)を盛り、ディルなどのハーブやハーブの花やフルーツを散らし、ドレッシングをかけていただく。

Chapter II ｜ 料理すること ｜ 野菜の恵みをいただく

---

recipe #002
Home Made Mayonnaise
手づくりマヨネーズ

HOMEMADE SAUCE

本当のマヨネーズの味、知ってますか。いろんなサラダに、料理に大活躍！マヨネーズも手作りしましょう！

材料

白ワインビネガー	小さじ2
卵黄	1個
サラダ油	150cc
塩・こしょう	小さじ1
マスタード	小さじ1

how to...

1. ボールに白ワインビネガー、卵黄を入れ、塩・こしょうを加えて混ぜ合わせる。
2. (1)にサラダ油をゆっくりと入れていき、とろりとしたクリーム状になるまでよく混ぜ合わせる。最後に好みでマスタードを加えてできあがり。

recipe #003
Farmer's Salad

ファマーズサラダ

ニューヨークで教えてもらった
ファマーズサラダ。
農家で育つ野菜やハーブ、
放し飼いの鶏や地卵などを
たっぷりと楽しむランチメニュー。
今、ニューヨークでも
新しい世代の農家さんが増えていて
その人たちは Hipster とか、
Modern Farmer と呼ばれています。

材料　　　　　[2人分]

鶏むね肉 ・・・・・・・・・1枚
じゃがいも ・・・・・・・・1個
白ワイン ・・・・・・・100cc
水・・・・・・・・・・・500cc
ベイリーフ ・・・・・・・・1枚
塩・こしょう ・・・・・・・適宜
ワインビネガー ・・・・大さじ1

[A]

いんげん ・・・・・・・・・50g
ミニトマト(へたを取り半分に
切る) ・・・・・・・・5～6個
りんご(いちょう切りにして塩水
に浸けておく)・・・・・1/2個
レタス(食べやすい大きさに切る)
・・・・・・・・・・・・・適宜
イタリアンパセリ ・・・・・適宜

how to...

1. 鍋に白ワインと水を入れベイリーフを入れて、塩・こしょうをした鶏むね肉を5～6分煮る。そのまま冷まして、皮を取り、食べやすい大きさに手で裂いておく。

2. じゃがいもは電子レンジで5分加熱し、熱いうちに4つに切ってワインビネガーをふり、冷ましておく。いんげんは茹でて、半分に切っておく。

3. (1)(2)と(A)を混ぜ合わせて彩りよく盛り付け、マヨネーズをかけていただく。

recipe #004
Tasmanian Potato Salad
タスマニアンポテトサラダ

オーストラリアの最南端・タスマニア島は
世界一空気がきれいな場所として国連が認めた所。
タスマニアンブルーの空と広がる大地に育まれた
じゃがいもはホクホクです。
地元の人に教わったポテサラは、
サワークリームがおいしさのポイントです。

Chapter II ── 料理すること ── 野菜の恵みをいただく

材料　　　　　　［4人分］

じゃがいも	大4個
スライスベーコン	3〜5枚
セロリ	2本
玉ねぎ	小1個
ピーマン	1個
ディル	適宜
塩	適宜

［ドレッシング］

マヨネーズ	100g
サワークリーム	大さじ2
レモン汁	大さじ1〜2
塩・こしょう	適宜

how to...

1. ドレッシングの材料をすべて合わせておく。
2. じゃがいもは丸ごとやわらかくなるまで茹で、熱いうちに皮をむいてボウルに入れて粗くつぶし、(1)を加えて混ぜ合わせる。
3. ベーコンは1cm幅に切り、カリカリになるまで炒める。セロリは表面の筋を取って薄切りにし、塩でもんで5分ほど置く。その後、水で洗ってしっかり水気を切る。
4. 玉ねぎはみじん切りにして、塩(分量外)でもんでしばらく置く。その後、水で洗ってしっかり水気を切る。
5. ピーマンは種とわたを取り、薄切りにする。
6. すべての材料を混ぜ合わせ、仕上げに刻んだディルを散らす。

recipe #005

Japanese Red Radish and Kumquat Salad

赤かぶと金柑のサラダ

季節になると、長野県木曽福島で
ペンションをしている友人から送られてくる赤かぶ。
金柑はわが家の庭に毎年たわわに実ります。
かぶはザクザク切って、
金柑は輪切りにしてそのまま…
チャッチャッと作れるのがうれしい一品です。

材料　　　　　　　[2人分]

- 赤かぶ……………中2個
- 小かぶ……………1個
- 金柑………………5〜6個
- パセリ（みじん切り）‥適宜
- 塩…………………小さじ1/2

[A 合わせ酢]

- 酢……………120cc
- 砂糖…………大さじ6

how to...

1. (A)の材料を混ぜ合わせ、合わせ酢を作る。
2. 赤かぶと小かぶの薄皮をむき、四割にし、薄切りする。
3. (2)に塩をふりかけて、しんなりするまで10分ほど置く。金柑は薄切りにし、種をとっておく。
4. 赤かぶと小かぶの水気を切り、(1)の合わせ酢と混ぜ合わせる。
5. 器に盛り、金柑をのせ、パセリを散らす。

recipe #006
Fresh Carrot Salad

にんじんサラダ

にんじん嫌いの人も、たちまちファンになること請け合い。
付け合わせにすると彩りもよく、栄養バランスがぐんとアップ！

材料　　　　　　　［2人分］

にんじん（赤・黄色など）
‥‥‥‥‥‥‥‥‥ 各1本
［A ドレッシング］

オレンジ絞り汁 ‥ 大さじ3

オリーブ油 ‥‥‥ 大さじ3
レモン汁 ‥‥‥‥ 小さじ1
塩・こしょう ‥‥‥‥ 少々
はちみつ ‥‥‥‥ 小さじ1

レーズン、クランベリー
（水に浸けておく）‥‥各適宜

how to...

1. にんじんは皮をむき、斜めにスライスしてから千切りにする。
2. ボウルに（A）の材料を混ぜ合わせ、ドレッシングを作る。そこに（1）を入れ、よく混ぜ合わせる。
3. （2）にレーズンとクランベリーを加えて混ぜ、器に盛る。

recipe #007
Curry Flavor Salad of Cabbage

キャベツのカレー風味サラダ

いつでも冷蔵庫にある野菜で作れるスパイシーでフレッシュな
食感のサラダ。カレーライスの付け合わせにもお似合いです。

材料　　　　　　　［4人分］

キャベツ ‥‥‥‥‥ 200g
きゅうり ‥‥‥‥‥‥ 1本
［ドレッシング］

酢‥‥‥‥‥‥‥ 大さじ3

サラダオイル ‥‥ 大さじ3
カレー粉 ‥‥‥‥ 小さじ1
塩‥‥‥‥‥‥‥ 小さじ1
砂糖‥‥‥‥‥‥‥‥ 少々
クミン、キャラウェイなど‥適宜

how to...

1. キャベツは1〜2cmぐらいの幅の食べやすい大きさに切り、さっと茹でておく。きゅうりは薄切りにしてから塩もみ（分量外）する。
2. ドレッシングを作る。酢にオイルをゆっくり加えながら泡立て器で混ぜ、カレー粉、塩、砂糖で味を調える。好みでクミン、キャラウェイなど入れる。
3. 水気を切ったキャベツときゅうりを合わせ、ドレッシングで和える。

Chapter II ｜ 料理すること ｜ 野菜の恵みをいただく

recipe #008

Tomato and Mozzarella Strata with Pest Sauce

トマトとモッツァレラのストラータ

「ストラータ」とは、硬くなったパンの上にいろいろな食材、
ハム、ソーセージなどを重ね、上から卵の生地を流してオーブンで焼いたもの。
今回はそんなハム、ソーセージの替わりにトマトで軽やかにし、モッツァレラでコクを出しました。
家族で楽しみたい休日の朝食やブランチにぴったりです。
ペストソースは作り置きしておくと便利ですよ。

材料　　　　　　［4人分］

フランスパン（1日前のものが
ベター）・・・・・・ 1/2〜1本
牛乳・・・・・・・・・・・ 200cc
モッツァレラチーズ ・・ 120g
トマト ・・・・・・・・・ 大1個

[卵の生地]

卵・・・・・・・・・・・・・ 2個
生クリームまたは牛乳
・・・・・・・・・・・・ 大さじ4
塩・こしょう ・・・・・・ 少々

[ペストソース]

バジルの葉 ・・・・・・ 15枚
にんにく ・・・・・・・・ 1片
松の実 ・・・・・・・ 大さじ3
パルメザンチーズ ・・ 大さじ3
スープストックまたは湯
・・・・・・・・・・・・ 大さじ2
塩・こしょう ・・・・・・ 少々

how to...

1. 卵の生地は材料を混ぜ合わせておく。ペストソースは材料をフードプロセッサーなどでピューレ状にする。パンは2cmぐらいの厚さに、トマトは5mmの厚さに切る。

2. スキレットまたはキャセロールにパンを並べて牛乳をかけて浸す。パンの上からペストソースを塗り、トマトを置いて（1）の卵の生地をまわしかけ、最後にモッツァレラチーズをちぎってのせる。

3. ラップをして1時間以上冷蔵庫でねかせる。（一晩でもよい）。180℃に温めたオーブンでチーズが溶け、こんがりと色づくまで30分焼く。

Chapter II ── 料理すること ── 野菜の恵みをいただく

recipe #009
Bruschetta for Gathering
ブルスケッタ

イタリア中部の郷土料理・ブルスケッタ。時間が経って硬くなったパンのかしこい活用法です。焼いたパンににんにくをすり付けてオリーブ油をかけ、塩・こしょうで調味したものを言います。いろいろな食材を乗せて、カラフルに盛り付けましょう。
ホームパーティーの前菜や、ワインのおともにおすすめです。

材料　　　　　[12個分]

- フランスパンやライ麦パンなど ・・・・・・・・・・・・・・・ 1本
- にんにく ・・・・・・・ 1〜2片
- オリーブ油 ・・・・・・・ 100cc
- 塩・こしょう ・・・・・・・ 少々
- 枝豆 ・・・・・・・・・ 30g

[A カプレーゼ]

- モッツァレラチーズ ・・ 適宜
- ミニトマト ・・・・・・・ 適宜
- バジル ・・・・・・・・ 適宜

[B 青じそのジェノベーゼ]

- 青じそ ・・・・・・・・・ 5枚
- パルメザンチーズ ・・ 大さじ2
- オリーブ油 ・・・・・・ 大さじ2
- レモン汁 ・・・・・・・ 大さじ1
- 塩・こしょう ・・・・・・ 適宜

[C プルーン&ベーコン]

- プルーン ・・・・・・・・ 適宜
- ベーコン ・・・・・・・・ 適宜

[D アボカド&サーモン]

- アボカド ・・・・・・・・ 1個
- スモークサーモン ・・・・ 適宜
- チャイブ ・・・・・・・・ 適宜

how to...

1. 1日か2日経ったパンなどを使うのが基本。厚さ1〜2cmに切り、トースターでカリッと焼く。皮をむいたにんにくをすりつけて、その上にオリーブ油を塗ってから、いろいろな食材をトッピングする。

A. モッツァレラチーズをパンに合った大きさに切り、ミニトマトを(1)に乗せてバジルで飾る。

B. ジェノベーゼの材料をすり鉢ですり合わせ、レモン汁を加えて塩・こしょうで味を調える。枝豆は茹でてサヤから取り出す。枝豆とジェノベーゼを合わせ(1)に乗せる。

C. プルーンにベーコンを巻いてようじで刺し、オーブンやオーブントースターで焼き目を軽くつけて(1)に乗せる。

D. 粗く潰したアボカドにスモークサーモンを(1)に乗せ、チャイブを飾る。

Chapter II 料理すること 野菜の恵みをいただく

プルーン&ベーコン

枝豆と青じそのジェノベーゼ

アボカド&
スモークサーモン

モッツァレラチーズと
ミニトマトのカプレーゼ

025

Rice!
Foundation of Japanese Cooking

毎日のご飯

日本の食卓は「白いご飯」が原点です。
ご飯をおいしく食べるために、ご飯に合う「おかず」など
多彩な日本料理の手法が発達してきました。
毎日の食卓に幸せを運んでくれるのは、いつの時代もご飯から。

recipe #010
How to Cook Rice
白いご飯の炊き方

白いご飯のおいしい炊き方では、
まず、お米はぬかが付いているのできれいに洗い落とすことが大切。
次に水加減です。お米はすぐに水を吸収するので、
一番初めにたっぷりの水を入れたボウルにお米を入れ、一度大きく混ぜて水を捨てます。
ここでお米を研いで時間をかけるとぬかくさくなりますから注意です。
その後手早く何度も水を替えて濁りがなくなるまで研ぎましょう。
そして研いだ後、水に浸けておくのも忘れずに。
何度もトライすれば、お米のおいしさが深くわかるようになりますよ。

材料　　　　［3合分］

洗う前の米 …… 3カップ
水 …………… 540cc
※1カップ＝180cc

［水加減について］

昔はご飯は「洗った後の米と同量の水で炊く」と教えられました。洗った後のお米は水を吸って2割ほどふくらんでいますので、それと同量の水を合わせると、ふんわりやわらかいご飯ができます。近ごろは少し固めのご飯が好まれるようですので、今回は「洗う前の米と同量の水で炊く」レシピを採用しました。みなさんもそれぞれ水を加減して、自分好みの量を探してみましょう。

how to...

［米の研ぎ方］

1. たっぷりボウルに水を張って、そこにお米を入れ、一度大きくかき混ぜて水を捨てる。これをもう2回くり返す。
2. 水を張ったボウルにお米を一気に入れて研ぐ。手指を立て、力を入れずに米粒と米粒を混ぜ合わせ、円を描くように研ぐ。途中、水を注ぎながら透明になるまで研ぐ。
3. 水が濁らなくなったら、ざるに上げる。
4. そのまま30分ほど、分量の水に浸けておいてから炊き上げる。

［釜・土鍋で炊く場合］

1. 釜に洗った米と水を入れ、沸騰するまで中火にかける。
2. 沸騰したら弱火にし、さらに20分炊く。
3. 火を止めて5〜10分蒸らしてできあがり。

recipe #011
Rice with Spring Green Bean

春の香りの豆ご飯

うすいえんどうが出回る春先。その色、形の愛らしさを壊さないようにお料理しましょう。
茹でた豆の汁ごと急冷すると、色止めになり豆にシワも入りません。
その汁でご飯を炊くと、香りもそのまま楽しめます。

材料　　　　　[2合分]

- 米‥‥‥‥‥‥‥2カップ
- えんどう豆（さやつき）‥300g
- 塩‥‥‥‥‥‥‥小さじ1
- 水‥‥‥‥‥‥‥360cc
- ※1カップ＝180cc

how to...

1. えんどう豆はさやから実を取り出し、塩を入れた湯で色よく茹でる。茹で汁ごとボールに入れてボールの底を氷水に浸けて急冷する。
2. 米は研いで水を切っておく。
炊飯器に米と(1)の茹で汁を既定量まで入れ、塩を加えて通常のご飯と同じように炊く。
3. 炊き上がったら、(1)のえんどう豆を混ぜ合わせる。

recipe #012
Rice with New Ginger

新しょうがご飯

その薬効効果とスパイシーな香りで世界中から愛されるしょうが。
そんな中で新しょうがを食べる感性は日本人ならではのもの。
旬を愛する心が生きる一品。
新しょうがはできるだけ細く切る方が香りもよく、おいしいです。

材料　　　　　　　[2合分]

新しょうが ……………… 80g
鶏挽き肉 ………………… 100g
米 ………………………… 3カップ
昆布出汁 ………………… 約450cc
青じそ …………………… 5枚
みょうが ………………… 3個

[A 鶏の下味合わせ調味料]

薄口しょう油 …… 大さじ1
酒 ………………… 大さじ1

[B 合わせ調味料]

薄口しょう油 …… 大さじ3
酒 ………………… 大さじ3

[甘酢]

酢 ………………… 大さじ3
砂糖 ……………… 大さじ1
塩 ………………… 小さじ1/2

※1カップ＝180cc

how to...

1. 新しょうがはスライサーなどを使って薄切りにし、細く千切りにする。
2. 鶏挽き肉は(A)の調味料で下味をつけておく。
3. 炊飯器に米を入れ、(B)の調味料、昆布出汁を既定の量まで加える。最後に新しょうが、鶏挽き肉を加えて通常どおりに炊く。
4. 青じそは千切りにし、みょうがはさっと茹で用意した甘酢に赤く染まるまで漬ける。
みょうがを2つに切り、1枚ずつ皮をはがして赤い部分を千切りにする。
5. 炊いたご飯を器に盛り、青じそとみょうがを盛る。

recipe #013
Three Colored Topping on Rice

三色ご飯

お弁当にも大好評の一品。
鶏肉を茹でてすり鉢でよくすってから、
コトコト煮たフワフワの
鶏そぼろがポイントです。

how to...

1. たっぷりの湯で鶏挽き肉を茹で、色が変わったらざるに上げる。さやえんどうはさっと塩茹でし、千切りにする。卵は溶きほぐして薄く焼き、錦糸卵にする。
2. (1)の鶏挽き肉をほぐして鍋に入れ、(A)を加えて弱火でゆっくり煮る。
3. 汁気がなくなったら、しょうがの絞り汁を加えて混ぜ、塩少々で味を調える。
4. 温かいご飯に、(3)のそぼろとさやえんどう、錦糸卵を乗せていただく。

材料　　　　　[2人分]

- 鶏挽き肉 ･･････ 200g
- さやえんどう ･･････ 8枚
- 卵 ･･････ 2個
- しょうがの絞り汁 ･･････ 小さじ1/2
- 塩 ･･････ 少々
- ご飯 ･･････ 適宜

[A]

- 酒 ･･････ 大さじ1
- 砂糖 ･･････ 大さじ3
- しょう油 ･･････ 大さじ3
- みりん ･･････ 大さじ1
- 水 ･･････ 200cc

recipe #014
Fresh Tuna and Sea Food with Kimuchi on Rice
マグロと魚介のキムチ丼

ピリリと濃厚な味わいのコチュジャンだれとキムチで味付けした新鮮な魚介たっぷりの丼。香味野菜の香りが食欲をそそります。火を使わないからスピーディーにできあがるのもうれしいポイント。

材料　　　　　［2人分］

ご飯	適宜
マグロ刺身	4切れ
鯛刺身	4切れ
甘えび	12尾
帆立貝柱	4個
キムチ	80g
青じそ	4枚
白ねぎ	適宜
きゅうり	1/2本

［コチュジャンのたれ］

しょう油	大さじ1
にんにく(すりおろし)	1片
青ねぎ(みじん切り)	小さじ2
コチュジャン	小さじ1
ごま油	大さじ2
白いりごま	大さじ1

1. 青じそ、白ねぎ、きゅうりは細い千切りにする。たれの材料をすべて混ぜ合わせておく。

2. ご飯を器に盛り、軽く水気を切ったキムチを乗せる。その上に魚介類を盛り付け、きゅうり、青じそ、白ねぎなどの薬味を乗せる。最後に好みの量のたれをかけていただく。

recipe #015

Sushi in Autumn with Variety of Japanese Mushrooms

秋のきのこ寿司

野山が紅葉で染まる頃、香り高いきのこたちが市場に並びます。
きのこは国土の75％が山で囲まれている日本ならではの特産品。
近頃では海外のマーケットにもたくさん登場しています。
日本の秋の美しさを盛り込んで、色づく秋の山々を思わせるお寿司です。

材料 ［4〜6人分］

[寿司飯]

米	3カップ
酒	大さじ2
昆布	5cm角
酢	大さじ5
塩	小さじ2
砂糖	大さじ2

[A]

牛肉(薄切り)	200g
酒	大さじ1
しょう油	大さじ1
生しいたけ	約6枚
えのきだけ	150g
しめじ	150g
なめこ	100g
出汁	大さじ3
みりん	大さじ3
しょう油	大さじ2 1/2
しょうが	1片

[B]

ごぼう	約4cm
出汁	大さじ3
酒	大さじ1
しょう油	大さじ2/3

[C]

菊の花(食用)	3〜4個
にんじん	1/3本
酢	大さじ2
砂糖	小さじ1
塩	少々
出汁	大さじ2

how to...

1. (A)の材料で佃煮を作る。牛肉は酒、しょう油を絡ませ、下味をつけておく。しいたけは薄切りにし、他のきのこ類は石づきをとってほぐしておく。しょうがは千切りにする。

2. 鍋に(A)のみりん、しょう油、出汁を入れて煮立て、しょうが、牛肉、きのこ類を加え、混ぜながら汁気がほとんどなくなるまで煮詰め、バットに移して冷ます。

3. ごぼうは皮をこすって水で洗い、ささがきにする。鍋に(B)の出汁、酒、しょう油で汁気がなくなるまで煮詰めたら、器に移して冷ます。

4. 菊の花びらをむしり、酢少々を加えた熱湯でサッと茹でる。ざるに上げて冷水に浸け、水気を絞って(C)の酢、砂糖、塩、出汁を混ぜ合わせた甘酢に浸す。

5. 寿司飯を作る。米を酒と昆布を入れて炊き、温かいうちに酢、砂糖、塩を合わせた寿司酢を切るようにして混ぜ込む。寿司飯が温かいうちに(2)のきのこの佃煮を混ぜ、器に盛って(3)のごぼうを添える。彩りに菊の花を散らし、薄切りにして茹で、もみじ型に抜いたにんじんをあしらう。

recipe #016
Hashed Beef with Rice
ハヤシライス

トマトの酸味、玉ねぎの甘み、牛肉の旨みがとろり溶け合ったまるで洋食屋さんのように味わい深いハヤシライス。その秘密は、手づくりのドミグラスソース。作り方をマスターすればハンバーグやシチューなど他の料理にも応用できますよ。

材料　[4人分]

- 牛肉(薄切り) …… 300g
- 玉ねぎ …… 2個
- マッシュルーム …… 6個
- サラダ油 …… 大さじ1
- バター …… 大さじ1
- 赤ワイン …… 大さじ2
- デミグラスソース(缶詰でもよい) …… 300g
- スープ …… 200cc
- ベイリーフ …… 2枚
- にんにく(みじん切り) …… 1片
- トマトピューレ …… 大さじ1
- グリーンピース …… 適宜
- カラメルソース(砂糖:大さじ4、水:大さじ1) …… 大さじ2
- ご飯 …… 適宜
- 塩・こしょう …… 適宜

how to...

1. 牛肉は一口大に切り、軽く塩・こしょうをする。玉ねぎは5mm幅の半月型に切り、マッシュルームはスライスする。
2. フライパンにサラダ油、バターを熱し、マッシュルームを炒め取り出し、牛肉を炒め、次に玉ねぎをよく炒め、赤ワインを入れる。
3. デミグラスソースを加え、スープ、トマトピューレ、にんにく、ベイリーフを加えて10〜20分ほど煮込む。
4. カラメルソースを作る。小鍋に砂糖と水を入れて火にかけ、ゴムベラなどでかき回しながら、茶色になるまで火を入れる。
5. カラメルソースを(3)に加え、炒めたマッシュルームを加え、塩・こしょうして味を調える。
6. ご飯を盛って(5)を上がけし、グリンピースを散らす。

recipe #017
Demi-glace Sauce

HOMEMADE SAUCE

ドミグラスソース(ブラウンソース)

フランス語でドミ(demi)は半分、グラス(glace)は煮詰めるという意味です。時間がかかると思いがちですが案外作りやすいです。何よりも缶詰とは一味違いますから、ぜひ試してみましょう。

材料

- バター …… 大さじ4
- 小麦粉 …… 大さじ1
- 水 …… 400cc
- ブイヨンの素(または野菜の愛情) …… 2個
- ローリエ …… 1枚
- トマトペースト …… 大さじ2
- 乾燥セージ …… 少々

[A]

- ウスターソース …… 大さじ1/2
- トマトケチャップ …… 大さじ1/2
- 塩・こしょう …… 少々

how to...

1. 鍋を温め、バターを煮溶かす。次に小麦粉をふり入れ、焦がさないように弱火で茶色くなるまで炒める。
2. (1)の鍋に、分量の水、ブイヨンの素、ローリエ、セージ、トマトペーストを加え、とろみをつける。(A)を加え味を調える。

Chapter II ｜ 料理すること ｜ 毎日のご飯

材料　　　　　　[4人分]

[カレールウ]

玉ねぎ・・・・・・・・・・・1個
にんにく（すりおろし）　大さじ2
しょうが（すりおろし）　大さじ2
トマト ・・・・・・・・・・・1個
みりん ・・・・・・・・・大さじ3
みそ・・・・・・・・・・・大さじ3
サラダ油 ・・・・大さじ4〜5
カレー粉 ・・・・大さじ2〜3

[カレー具材]

トマト ・・・・・・・・・・・1個
なす・・・・・・・・・・・・・1本
ピーマン（赤・黄・緑）　各1/2個
かぼちゃ ・・・・・・・・150g
オクラ ・・・・・・・・・・4本
しめじ ・・・・・・・・・100g
豆乳・・・・・・・・・・・300cc
水・・・・・・・・・・・・・100cc
カレールウ ・・・・大さじ4
サラダ油 ・・・・・・・・適宜
塩・こしょう ・・・・・・・少々
玄米ご飯（炊いたもの）　適宜

recipe #018
Veggie Curry with Hidden Miso

みそ入り健康カレー

カレーは日本の国民食。それぞれの家庭にそれぞれの味がありますが、私はみそをちょっと入れるとコクが深まりおいしくなることを発見。常備のカレーの素を作っておくと炒め物などにも使えて便利です。

how to...

1. カレールウを作る。
   フライパンにサラダ油を熱し、みじん切りにした玉ねぎをしんなり、茶色くなるまで炒め、しょうが、にんにくを加えてさらに3分程度炒める。

2. 焦げ付いてきたら水大さじ1（分量外）を加え水分を飛ばしながら、皮をむいてザク切りにしたトマトを加えてさらに炒める。

3. 全体に茶色くなったらカレー粉を2回に分けて加え、弱火にして、みりん、みそを加えて混ぜる。

4. 具材を準備する。トマトは皮をむき、大きめのザク切りにする。なすは2cmぐらいの乱切りにし、サラダ油で炒める。ピーマンは3cm角に切り、サラダ油で炒める。かぼちゃはひと口大に切り、茹でておく。オクラは茹でて2〜3等分に切る。しめじは石づきを取り、ほぐしておく。

5. 鍋に豆乳、水、(3)のカレールウを入れ、ひと煮立ちしたら具材を入れて塩・こしょうで調味し、玄米ご飯の上に盛る。

recipe #019
Fried Rice

五目炒飯

理想は、適度にパラパラしたご飯のチャーハン。
その秘密は具材の切り方と卵の扱い方。
切り方は同じ大きさに切ること。
卵はスクランブルのようにしてから具材と絡めると
余分な水分を吸収する役割を果たしてくれます。

材料　　　　　　　　[2人分]

冷ご飯	適宜
焼き豚または豚肉	80g
しいたけ	2個
にんじん	40g
白ねぎ	1本
海老	80g
卵	2個
しょうが	1片
サラダ油	適宜
しょう油	適宜
塩・こしょう	適宜
あさつき	適宜

how to...

1. 冷ごはんをラップなしで電子レンジにかけ、水気をとばす。

2. 焼き豚、しいたけ、にんじん、白ねぎは5mm角、しょうがはみじん切りにする。海老は殻と背ワタを取ってよく洗い、塩少々、酒小さじ1(分量外)で下味をつけておく。卵はよく溶きほぐしておく。

3. 中華鍋を熱し、煙が出たら、サラダ油 大さじ2をなじませる。弱火にしてしょうがを炒めて香りを出し、(豚肉を使うときはこのタイミングで入れる)白ねぎ、にんじん、しいたけを炒め、海老、焼き豚を加える。

4. 次にご飯を入れ、ご飯の粒をつぶさないように切るようにして炒め、中華鍋の片側半分に寄せる。空いた片側半分に、サラダ油を足し、卵を入れてよく混ぜ、スクランブル状にする。フライ返しで全体に卵をなじませ、パラパラになるまで炒める。

5. 最後に塩・こしょうで味を調え、しょう油を鍋肌から回し入れて混ぜる。

6. (5)をお皿に盛って、あさつきを刻み上に乗せる。

recipe #021
Basic White Sauce

 HOMEMADE SAUCE

ホワイトソース

白くて滑らかなホワイトソースはグラタンやコロッケにと大活躍のソース。
上手に作るコツは、バターを常温に戻しておくこと。バターと小麦粉がうまくつながれば成功間違いなし！

材料

バター ・・・・・・・・・・・・・40g
小麦粉 ・・・・・・・・・・・・・40g
牛乳 ・・・・・・・・ 400〜600cc
塩・こしょう ・・・・・・・・ 適宜

how to...

1. 鍋にバターを溶かし、小麦粉を入れて色づかないように弱火でゆっくり炒めて、さらさらになったら牛乳を少しずつ加えてのばし、塩・こしょうで味を調える。

recipe #020
Doria-Rice in Casserole with White Sauce
子供たちに大人気！ドリア

ドリアは、何と言っても子どもたちに人気のメニュー。
ソーセージとケチャップ、
そしてホワイトソースのコンビネーションは
大人も大好きな懐かしの味。
ホワイトソースもお家で作ると添加物もなく、
本格的な味わいに仕上がります。

材料　[4人分]

- ご飯　　　　　　　　350g
- 玉ねぎ　　　　　　　1/2個
- ソーセージ　　　　　5本
- ピーマン　　　　　　1個
- トマトケチャップ　　大さじ6
- サラダ油　　　　　　大さじ1

- ホワイトソース　　　500g
- ピザ用チーズ　　　　50g

how to...

1. 玉ねぎはみじん切りにする。ソーセージは2cm幅に、ピーマンは5mm角に切る。
2. 中華鍋にサラダ油をひき、玉ねぎ、ソーセージ、ピーマンを炒め、火が通ったらご飯を入れ、ケチャップを手早く混ぜる。
3. 器に(2)を入れ、ホワイトソースをかけてピザ用チーズを上に乗せる。
4. 200℃のオーブンで焦げ目がつくまで約10分焼く。

---

recipe #022
Home Made Ketchup
手づくりケチャップ

HOMEMADE SAUCE

たっぷりトマトが入る自家製ケチャップはフレッシュ感と添加物のないピュアな味が病みつきになります。
ソース感覚でいろいろな料理に使えますよ。

材料

- 玉ねぎ(みじん切り)　　1個
- にんにく(みじん切り)　3片
- クミン(パウダー)　　小さじ1
- オールスパイス(あれば)　少々
- トマト缶　　　　　　1缶
- トマトペースト　　　100g
- ブラウンシュガーまたは
  メープルシロップ　　大さじ2
- 赤ワインビネガー　　大さじ2
- 塩　　　　　　　　　少々
- カイエンヌペッパー　適宜
- オリーブ油　　　　　大さじ1

how to...

1. 鍋にオリーブ油を入れ、玉ねぎ、にんにくをゆっくり炒めて、クミンとオールスパイスを加える。
2. トマト缶、トマトペースト、ブラウンシュガー、赤ワインビネガーと(1)をフードプロセッサーに入れ、滑らかになるまで混ぜ合わせる。
3. (2)を鍋に戻し、弱火で20〜25分ぐらい煮て、塩と好みでカイエンヌペッパーなど入れるとおいしい。
4. 冷めてから瓶に入れる。冷蔵庫で2週間ぐらい保存できます。フレンチフライにつけても、ピザソースとして使ってもおいしい。

Perfect Dashi and Japanese Soup

おいしい出汁をひく

大阪は江戸時代、天下の台所とうたわれ、日本中の食材の集散地でした。
昆布は北前船で北海道から運ばれ、鰹節は土佐や枕崎から届き、
船場の港にはあらゆる食材が荷揚げされていました。
そのため、界隈に並ぶ料理店は競って料理の腕を磨き、
関西独特の洗練された「出汁」ができあがっていったのです。
また、乾物からもいい出汁が出るので、しいたけ、干し貝柱など、煮物などに使うと深い味わいを楽しめます。
みそ汁、おすまし汁、煮物…さまざまな日本料理のベースとなる「こんぶとかつおの出汁」のひき方は、
基本中の基本として覚えておきたいものです。

recipe #023
How to Make Dashi Traditional Easy Method
こんぶとかつおの出汁

昆布にはグルタミン酸、鰹節にはイノシン酸が含まれていて、その2つのアミノ酸が重なり合うことで、より上品でコクのある「旨味」が生まれます。世界が注目するほんものの「旨味」は、実は家庭でも簡単に作れるものなのです。

材料　［一番出汁1000cc分］

昆布･･････････････10g
かつお節･･････････20g
水･･････････････1000cc

how to...

1. 水に昆布をつけ、30分〜1時間おいて中火にかける。
2. 沸騰直前に昆布を引き上げ、沸騰したら火をとめる。一呼吸してから、かつお節を入れ、沈むまで待つ。
3. ざるにペーパータオルを敷き、出汁を濾す。

［二番出汁］

1. 適量の水で一番出汁をとった昆布とかつお節をくつくつ煮だす。
2. 次に新しいかつお節(追いかつお)を足す。充分に煮出したら濾す。煮物に使うとよい。

［愛子さんの美味しい出汁の使い方］

1. 水400ccに1パックをいれ、火にかける。
2. 沸騰後、中火にして約5〜6分煮だす。

本格的な出汁がとれるように作りました。

Chapter II　料理すること　おいしい出汁をひく

041

recipe #024
Crispy Vegetable Miso Soup

シャキシャキ炒めみそ汁

いつものみそ汁に飽きたら
こんなアレンジはいかがですか？
野菜を炒めたり、
みそ汁にとろみをつけたりすると
全く違う風味や
食感が楽しめます。

how to...

1. ごぼうとにんじんは千切りにする。ごぼうは水にさらす。こんにゃくは湯をかけて臭みを抜き、千切りする。水で戻した干ししいたけは水を切ってから千切りにする。
2. フライパンにサラダ油をしき、(1)の野菜をしんなりするまで炒める。
3. 出汁を鍋に入れて沸騰させ、火を止めて赤みそを溶き入れる。
4. (3)に(2)の炒め野菜を入れて火にかける。
5. 再び沸騰したら、水溶き片栗粉でとろみをつける。
6. 器に盛り、軸三つ葉を飾る。

材料　　　　　［4人分］

ごぼう	40g
にんじん	40g
こんにゃく	50g
干ししいたけ(2枚ほどを水で戻したもの)	40g
出汁	800cc
赤みそ	大さじ1
水溶き片栗粉(片栗粉と水を同量で溶いたもの)	大さじ1
軸三つ葉	適宜
サラダ油	適宜

recipe #025
Chicken Ball in Clear Soup
鶏団子のすまし汁

鶏挽き肉におろし玉ねぎを入れると、
つるんと風味豊かな
鶏団子ができあがります。
出汁をしっかり効かせた
すまし汁でその旨味を味わいましょう。

材料　　　　　　[4人分]

[A]

鶏挽き肉	200g
玉ねぎ(すりおろし)	大2個
溶き卵	1/2個
片栗粉	小さじ2
酒	小さじ2
塩・こしょう	少々
なめこ	適宜
木の芽	適宜
みょうが	適宜
出汁	800cc
酒	小さじ2
塩	小さじ2
薄口しょう油	小さじ1

how to...

1. (A)の材料を粘りが出るまでよく混ぜ合わす。

2. 鍋に出汁を煮たて、手を水でぬらし、(1)を丸くまとめ、鍋に入れる。あくを取りながら火を通し、団子が浮き上がってきたら取り出す。

3. 出汁になめこを入れ火を通し、酒、塩、薄口しょう油を加えて調味する。器に団子を盛って出汁を注ぎ、細かい千切りにしたみょうがと木の芽を添える。

recipe #026
Shimeji and Chicken Pudding
しめじと鶏の宝楽焼き

あたたかい料理を「宝楽」風の器に入れて食するときに、洒落て「宝楽」といつの頃からか言うようになりました。今回は具材をたっぷり入れた茶碗蒸し風の一品をご紹介。
お家にあるいろんな具材や、海老や百合根、銀杏などを入れると、お祝い事の一品にもなります。

材料　　　　　　[2人分]

しめじ	50g
鶏もも肉	40g
酒	大さじ3
しょう油	小さじ1/2

[基汁の材料]

卵	1個
出汁	100cc
塩	少々
しょう油	少々

how to...

1. フライパンにしめじをほぐして入れ、弱火で炒って酒大さじ2をかけ、アルコール分をとばす。
2. 鶏もも肉は、酒大さじ1としょう油で下味をつけておく。
3. 卵をほぐして出汁、塩、しょう油を加えて混ぜる。
4. 耐熱の器に、(1)、(2)を入れ、(3)の基汁を器のひたひたになるまで注ぎ、200℃のオーブンで15分焼く。

recipe #027
Tofu and Seasonable Vegetables Soup
具だくさんけんちん汁

お寺の精進料理から生まれた栄養豊かな汁物。
山に里に育まれた季節の野菜がたっぷり。
風雪を越えて来た先人の知恵。
一口いただくと、ほっこり心とからだが温まります。

Chapter II ｜ 料理すること ｜ おいしい出汁をひく

材料　［4人分］

にんじん	1本
大根	20g
ごぼう	60g
里芋	大2個
干ししいたけ（水で戻したもの）	4枚
こんにゃく	50g
しょう油	大さじ1
三つ葉	適宜
木綿豆腐	150g
出汁（しいたけの戻し汁も含め）	800cc
ごま油	大さじ1
しょう油	大さじ2
塩	少々

how to...

1. にんじん、大根、ごぼう、里芋、干ししいたけは乱切りにし、こんにゃくはスプーンなどでちぎる。
2. 鍋にごま油を熱し、(1)の野菜類を加え、充分に炒めて旨みを出す。さらに、しょう油を加えて炒める。
3. 出汁を加えて、野菜が柔らかくなるまで煮たら、豆腐を握りつぶしながら加える。塩・しょう油で味を調える。
4. ひと煮立ちさせ、三つ葉を添えてできあがり。
（好みで一味唐辛子をふってもよい）

なにわのおかず

私が子どものころの大阪の公設市場では
八百屋には地元産の新鮮な野菜が積み上がり
川魚屋さんや豆腐屋、卵屋、みそ屋など
たくさんの食材専門店が軒を連ねていました。
豆腐屋の豆腐はもちろんすべて手づくりで、
お揚げさんやがんもどきなどもその場で作っていました。
まさに、「Farm To Our Table」〜畑から食卓へ〜。
今も我が家に伝わる"なにわ伝統のおかず"にも
そんな食材のおいしさをシンプルに引き出した料理が並びます。
実はこれ、ニューヨークに住む孫たちも大好きなんですよ。

Naniwa
Heritage Dishes

Naniwa

recipe #028
Let's Have Onigiri Lunch Together!!

みんなで食べたい「おにぎり膳」

「ありあわせのものしかないけれど…」そんな時も
こんなふうに大皿に料理を盛り付けるだけで
ちょっとしたご馳走気分になるから不思議です。
おにぎり、卵焼き、昨晩の煮物や焼き物にお漬物…
ごま豆腐の先付けやお汁物を添えれば
洒落た大人のランチ御膳にもなりそうです。

〈今日のお献立〉
おにぎり〜ごま＆のり
だし巻き
P.048 #030
ひと口ごま豆腐
昨晩の野菜の煮物
昨晩の鶏肉の照り焼き
長芋の梅酢漬け
具だくさん けんちん汁
P.045 #027

recipe #029
Goma Tofu

ひとくち ごま豆腐

精進料理では、ごま豆腐は大切なたんぱく源であり、くず料理は体によいとされ
人々に珍重されていました。手づくりならではのもっちり・プルン！の食感が魅力。

材料 ［4人分］

くず粉 ………… 100g
昆布出汁 ……… 700cc
練りごま ……… 100g
塩 ………… 小さじ1/2
割しょう油
　…　濃口しょう油1：出汁1
おろしわさび …… 少々

how to...

1. くず粉はくだいて昆布出汁でなめらかになるまで溶いて、ざるでダマを濾す。
2. 鍋に(1)のくず液・練りごま・塩を加えて強火にかける。表面に気泡が出てきたら中火に落とし、つややかになるまで10分ほどよく混ぜる。
3. 全体を水で濡らしたバットに(2)を流し入れ、表面にラップをのせて氷水で冷やす。
4. 包丁で適当な大きさに切って器に盛り付け、割しょう油とわさびを添える。

recipe #030
Everybody Loves Dashimaki

だし巻き

外国の方にだし巻きの作り方をお伝えすると
みんなこの四角い卵焼き器に大注目！
四角いフライパンは外国にはないのです。
祖母が作ってくれたちょっと甘めのだし巻きは
今も忘れられない私のソウルフードなのです。

材料　　　　　　［1本分］

- 卵・・・・・・・・・・・・・4個
- しょう油 ・・・・・・ 小さじ2
- 砂糖・・・・・・・・ 小さじ2
- 出汁・・・・・・・・ 大さじ4
- サラダ油 ・・・・・・ 大さじ2

how to...

1. 卵にしょう油、砂糖、出汁を入れ、白身を切るようにしてよく混ぜる。
2. 卵焼き器を熱し、やや多めのサラダ油をしく。
3. (1)の2/3を一気に流し込み、大きく混ぜる。
4. 半熟状態で片方に寄せていき、卵焼きの形に整える。これを一度ひっくり返す。
5. 残りの卵を流し込んで薄く卵を焼き、くるくる巻いていく。これを2、3回繰り返してできあがり。

recipe #031
Simmered Beans and Seasonal Vegetables

いとこ煮

畑の野菜＝かぼちゃと、田んぼの野菜＝小豆を
一緒に煮たものを「いとこ煮」といいます。
小豆のほの甘さが野菜の旨味を引き立てて
やさしいおいしさが伝わります。

材料	[4人分]	[A]	
かぼちゃ	1/4個	出汁	500cc
小豆	100g	しょう油	50cc
ごぼう	1本	みりん	50cc

how to...

1. 小豆はあらかじめ半日ほど水に浸しておく。
2. (1)の小豆を水から茹で、沸騰したら火を止めてざるに上げ、お湯を捨てる。これを2回行う。
3. (2)の小豆を鍋に入れて豆がひたひたにかぶるくらいの水を入れ、やわらかくなるまで煮る。
4. ごぼうは皮をそいで洗い、(A)の煮汁でやわらかく煮る。
5. かぼちゃは皮をむいて種をとり、(A)の煮汁で煮る。
6. 鍋に(3)(4)(5)を合わせて、一煮立ちさせてから器に盛り付ける。

recipe #032
String Lotus Root

れんこんのきんぴら

きんぴらといえばごぼうですが、
れんこんで作ってもまた絶品！
シャキシャキとした歯触りがたまりません。

材料	[4人分]		
		ごま	適宜
		しょう油	大さじ1 1/2
れんこん	200g	砂糖	大さじ1
サラダ油	小さじ2	酒	大さじ1

how to...

1. れんこんは皮をむき、薄切りにしてさっと茹でておく。
2. フライパンにサラダ油をしき、(1)のれんこんを炒め、酒・砂糖・しょう油の順番に入れて炒め、ごまをふり器に盛る。

recipe #033
Simmering Beef and Potato in Japanese Way

肉じゃが

肉じゃがは昔からみんなが大好きな国民的おかず。でも、そのルーツには意外な逸話があります。明治の頃、海軍の東郷平八郎が留学先の英国で食べたビーフシチューを食べたくて、部下に作らせたのが肉じゃがの始まりだったそうですよ!

材料 ［4人分］

じゃがいも	3個
玉ねぎ(中)	1個
牛肉(薄切り)	150g
出汁	400cc
酒	大さじ3
しょう油	大さじ3
みりん	大さじ2
砂糖	大さじ2
サラダ油	大さじ1

how to...

1. じゃがいもは皮をむいて4つ切りにし、水にさらしておく。玉ねぎは薄切り、牛肉は一口大に切る。
2. 鍋にサラダ油をしいて火にかけ、玉ねぎを入れ、次にじゃがいもを入れ軽く炒める。
3. 出汁を入れ、酒・みりん・砂糖を入れて5分ぐらい煮る。
4. 肉としょう油を入れ、アクを取りながら、水分が無くなるくらいまで煮る。

recipe #034
Simmering Red Snapper and Japanese Kabura in Dashi Broth
鯛かぶら

鯛かぶらは、もともと京都のお料理だったそうです。かぶらのおいしい冬の食卓に心も体もあったまります。ちなみに私の祖母は鯛の身を食べた後の骨を火鉢であぶってお湯をかけてそのおいしい出汁を最後までいただいていました。

材料　　　　　　　［4人分］

鯛（切り身またはあら）‥400g
鯛の骨（あれば）‥‥適宜
かぶら‥‥4個（正味600g）
二番出汁‥‥800〜1000cc
削りかつお（ペーパーに包むまたは大きい茶パックに入れる）
‥‥‥‥‥‥‥‥‥10g
酒‥‥‥‥‥‥‥‥100cc
薄口しょう油　‥‥大さじ2
柚子‥‥‥‥‥‥‥適宜

how to...

1. 鯛は食べやすい大きさに切り、さっと湯通して臭みと余分な油を取る。鯛の骨があれば、香ばしくグリルなどで焼く。
2. かぶらは厚めに皮をむき、大きいものなら4つ割りにし面取りをする。
3. 深めの鍋にかぶらと鯛を入れ、あぶった骨、二番出汁、酒を入れ火にかける。一煮立させてしょう油を加え、ペーパーに包んだ削りかつおを乗せ、蓋をして10分ほど煮る。
4. かぶらが竹串を刺して少し固さが感じるくらい（九部通り）で火を止め、そのまま味をしみ込ませる。
5. 柚子は皮をむき、皮の白い部分を削り細い千切りにする。（糸柚子）
6. もう一度火にかけ温めて、鯛とかぶらを器に盛り熱々の汁を入れ、糸柚子を天盛りする。

recipe #035
Dried Daikon and Roasted Soy Beans in Vinegar

切り干し大根と大豆のはりはり漬け

お正月に大きな鉢にたっぷり作っても
あっという間になくなってしまうほど
家族に大人気のおかず。
大豆の香ばしさ、切り干し大根の旨味が
甘酢によく溶け合っておいしさもひときわ。
冷蔵すると2週間は持つ、
わが家の常備菜の一つです。

how to...

1. 切り干し大根は洗ってから水に浸けて戻し、5cm程度の長さに切り揃える。
2. フライパンで大豆を皮がはじけるまで中火で炒る。その後、オーブン皿に広げて並べる。150℃に熱したオーブンでこんがりきつね色になるまでローストする。
3. にんじんと昆布を細切りにする。
4. 調味料をボウルで混ぜ合わせ、水気を切った(1)の切り干し大根、(2)の大豆、にんじん、昆布を最低30分漬け込む。

材料　　　　［4人分］

切り干し大根 ･･･････ 60g
大豆(乾燥) ･･･････ 150g
にんじん ･･･････ 長さ4cm
だし昆布10cm角 ････ 1枚

［調味料］

砂糖････････････ 大さじ1
酢･･････････････ 200cc
濃口しょう油 ････ 大さじ3
みりん･･･････････ 150cc
赤唐辛子･････････ 2本

recipe #036
Hearty Okonomiyaki

わが家の自慢お好み焼き

わが家の畑のねぎが食べごろになると、
それらを刈り取って
楽しいお好み焼きパーティーが始まります。
たくさんのお友達やご近所さんが集まって、
わいわいガヤガヤ。
上にミニトマトを乗せても、
おいしくいただけます。

材料 ［3〜4人分］

青ねぎ ･････････････ 3束
キャベツ ･･･････････ 100g
長芋 ････････････････ 80g
卵 ･･････････････････ 3〜4個
小麦粉 ･･････････ 大さじ2〜3
天かす ･･････････ 大さじ3〜5
豚バラ肉 ･･････････ 200g
イカまたはエビ ････ 200g
花かつお ･･････････ 適宜
ミニトマト ･･･････ 10個

［ソース］

ウスターソース ････ 大さじ5
ケチャップ ･･････ 大さじ3
からし ･･････････ 大さじ1

how to...

1. 青ねぎとキャベツはざく切りにする。長芋はすりおろす。ミニトマトは2つに切る。
2. ボウルに卵を割りほぐし、青ねぎ、キャベツ、長芋、イカまたはエビ、小麦粉、天かすを混ぜ合わせる。
3. 鉄板に流し、豚バラ肉、その上にミニトマトを乗せて、香ばしく両面を焼いて火を通す。
4. 焼きあがったらソースの材料を合わせて塗り、花かつおも乗せていただく。

おいしい！肉料理

みんなが集まる食卓に、お肉がドン！と
登場すると気分もうんと盛り上がりますね。
世界中にはお肉のおいしい食べ方がいろいろあって、
牛、豚、鶏とそれぞれの特質を活かした知恵が詰まっています。
簡単にできて、おいしくて、そしてしっかりと
上質のタンパク質をいただけるお肉料理は
育ちざかりの子どもたちはもちろん
大人にとっても欠かせないテーブルの主役です。

Yum! Amazing
Meat Dishes

pork

recipe #037
Roasted Pork with Classic Mayonnaise

ローストポークとアップル・マヨネーズ添え

豚肉×りんごの組み合わせは、
りんごの甘みと酸味で豚肉のおいしさを倍増させるベスト・カップル。
そして豚肉を料理するときには、ローズマリーが欠かせません。
肉料理に爽やかな香りを添え、臭みを消してくれます。
そんなお肉料理とハーブの使い方も、少しづつ覚えていきましょう。

材料　　　　　　　[4人分]

豚ロース肉塊	600g
塩・こしょう	少々
にんにく(スライス)	1片
レモン汁	大さじ3
オリーブ油	大さじ3
ローズマリー	2枝
ローリエ	2枚
油(オリーブ油)	少々

[A]

玉ねぎ(スライス)	大1/2個
にんじん(スライス)	小1本
キャベツなどの野菜	1/4個

[りんごマヨネーズソース]

りんご	1個
白ワイン	大さじ3
レモン汁	大さじ1

[B]

マヨネーズ	大さじ5
レモン汁	大さじ3
マスタード	小さじ2
塩・こしょう	小さじ1

[付け合わせ]

紅玉りんご	2個
バター	大さじ2
塩・こしょう	適宜

how to...

1. 豚ロース肉に、塩・こしょう、にんにく、レモン汁、オリーブ油、ローズマリーをまぶし、脂肪のついている面を上にして形を整え、タコ糸でくくる。

2. 厚手の鍋に油を少々入れ、豚ロース肉の表面をこんがりと7〜8分焼く。オーブンに(A)の野菜を敷いて肉を置き、ローリエを乗せてオリーブ油をまわしかける。180℃に温めたオーブンで50分、中に火が通るまでしっかりと焼く。

3. 肉を焼いている間にソースを作る。スライスしたりんごに白ワインとレモン汁をまぶし、耐熱容器に入れて、電子レンジで3分ほどやわらかくなるまで加熱する。

4. ミキサーまたはフードプロセッサーに(3)と(B)を入れて混ぜ、ソースを作り、ローストポークに添える。

5. りんごを2つに割り、薄切りにする。フライパンにバターを溶かし、りんごを軽くソテーし、塩・こしょうで味を調え、ローストポークの付け合わせとして添える。

recipe #038
Sweet and Sour Spareribs

スペアリブの甘煮

う～ん、おいしい！と誰でもが納得の一品。ビールのおともに、家族のお弁当にと大活躍。
砂糖を焦がしてコクを出すのがおいしさのポイントです。

材料 [4人分]

スペアリブ ……… 600g
[下味]

しょう油 ……… 大さじ1
酒 ……………… 大さじ1

白ねぎ(みじん切り)‥ 5cm
しょうがの薄切り‥ 2〜3枚
砂糖 …………… 大さじ1
サラダ油 ……… 大さじ2

[A]

しょう油 ……… 大さじ4
酢 ……………… 大さじ3
酒 ……………… 大さじ2
砂糖 …………… 大さじ4
スープまたは酒 ‥ 200cc

[つけ合わせ]

チンゲン菜 ……… 1束
チャイブ ………… 少々

how to...

1. スペアリブは下味の材料に入れて10分漬け置き、きつね色になるまで揚げる。
2. サラダ油を熱し、白ねぎ、しょうが、砂糖を入れ、砂糖を焦がす。
3. (2)に(A)の調味料を入れて煮立ったら(1)を入れ、汁気がなくなるまで煮る。
4. チンゲン菜を茹で、食べやすい大きさに切って、チャイブと一緒に盛り付ける。

recipe #039
Marmalade Marinated Drumsticks

マーマレード・ローストチキン

お庭のタイムやローズマリーなどを入れた
マリネ液に漬け込んで、
オーブンで焼くだけの超イージー・レシピ。
食育活動で幼稚園などを訪ねて料理講習をするとき
いつもママたちに評判のメニューです。
もちろん子どもたちにも、やわらかくてほんのり甘い
チキンの味が大人気です。

材料　　　［4人分］

鶏手羽元 ・・・・・・・・・・ 8本

［漬けだれ］

マーマレード	大さじ2
しょう油	大さじ2
ブラウンシュガー	大さじ1
おろしにんにく	小さじ1
おろししょうが	小さじ1
タイム	適宜
塩・こしょう	適宜
油	小さじ1

how to...

1. ポリ袋に漬けだれの材料をすべて入れて混ぜる。
2. 手羽元の水分をペーパータオルなどで取り、ポリ袋に入れて手でもみ込み、冷蔵庫に入れて1時間置いておく。
3. 190℃に温めたオーブンに漬けだれごと並べ、15分焼く。
4. 180℃に温度を下げてさらに10〜15分焼く。
5. 器に盛り、タイムを添える。

recipe #040
My Favorite Fried Chicken

鶏肉の唐揚げ

サクッとしているのにジューシー！
揚げているうちから、
みんなの手が出る王道の味。
そのおいしさの秘密は、
下味の漬け方と「2度揚げ」。

材料　　　　　　[4人分]

鶏もも肉 ………… 2枚

[下味]

おろしにんにく …… 小さじ1
おろししょうが …… 小さじ1
酒 ………………… 大さじ1
しょう油 ………… 大さじ1
塩・こしょう ……… 適量

[衣]

卵 ………………… 1個
薄力粉 …………… 大さじ2
片栗粉 …………… 大さじ2

how to...

1. 鶏肉の水気をペーパータオルなどでふき取り、余分な黄色い部分、軟骨の硬い部分をそぎとり、1枚を10切れ位の一口大に切る。
2. ポリ袋に鶏肉を入れ、下味の材料を入れて揉み込み10分置く。次に衣の材料の卵を割り入れ粉類も加えて、さらに揉み混ぜる。
3. フライパンに深さ2cmの油を入れ、170℃の中温に熱し、3〜4分揚げて取り出し、2分置く。
4. 180℃に温度を上げて、再び1〜2分揚げる。

recipe #041
Tasty Chicken Ham

鶏ハム

鶏肉を一度煮込んでから鍋の中でゆっくり余熱で
火を通していくとしっとりとやわらかな食感に仕上がります。
ハーブやスパイスの風味を効かせてあるから
そのままでも、タレをかけても、
また刻んでいろんなお料理にも使えて便利。

材料 ［4人分］

鶏むね肉	400g
塩・こしょう	適宜
にんにく	1片
白ワイン	大さじ5
ローリエ	適宜
白ねぎ	適宜
パセリ	適宜
スープの素	小さじ2

［みそだれ］

P.074を参照

how to...

1. 鶏むね肉は身の中央から左右に包丁で厚めに切り目を入れて観音開きにする。フォークでところどころ穴を開け、塩・こしょうをして、にんにく、白ワイン、ローリエ、パセリ、白ねぎを絡ませて20分置く。

2. 皮目を下に長い辺が手前になるように巻き、手前から棒状にしっかりと紐で縛る。

3. 鍋に（2）をおき、ひたひたになるくらいの水を加え、スープの素を入れて煮立ったら、アクを取り、弱火で20分煮る。

4. 火を止めフタをして1時間置き、余熱で火を通してそのまま冷ます。

5. 粗熱が取れたらそのままゆで汁につけ、冷蔵庫で2〜3時間寝かせる。

6. みそだれを作る。（P.074参照）（5）に好みでかけていただく。

Chapter II ｜ 料理すること ｜ おいしい！肉料理

recipe #042
Family Stew with Japanese Hamburg Meat Ball

煮込みハンバーグ

ひと口にハンバーグといっても厚みがあって、ふっくらとやわらかなハンバーグは
世界でも日本にしかない料理。
トマトを効かせたソースで煮込めば
白いご飯にもぴったりのおかずができあがります。

材料　　　　［4人分］

合挽きミンチ	400g
玉ねぎ(みじん切り)	1個
おろしにんにく(みじん切り)	1片
生パン粉	20g
牛乳	大さじ3
卵	1個
塩・こしょう	適宜
ミックスベジタブル(冷凍)	適宜
バター	大さじ2
サラダ油	大さじ1 1/2

［ソース］

水	200cc
スープの素	大さじ1
トマトジュース	200cc
赤ワイン	50cc
マッシュルーム(スライス)	1パック
玉ねぎ(スライス)	1/2個
セロリの葉	適宜
バター	大さじ1
パセリ	適宜

how to...

［準備］
生パン粉は牛乳に浸しておく。
ミックスベジタブルは解凍しておく。

1. フライパンにバター大さじ1、サラダ油大さじ1/2を入れ、にんにくを入れ香りが出て、次に玉ねぎを入れて色がつくまでゆっくり炒める。ボウルに移して冷ましておく。
2. ボウルにミンチ肉、(1)、生パン粉、卵、塩・こしょうし、よく練り合わせる。
3. (2)を6等分にし、手で転がしながら成形する。
4. フライパンにバター大さじ1、サラダ油大さじ1を入れ、(3)の成形したハンバーグをこんがり焼く。
5. フライパンからハンバーグを取り出し、耐熱容器に並べる。
6. フライパンをペーパータオルなどできれいにし、バター大さじ1を溶かし、玉ねぎを炒め、マッシュルームを入れて、水、スープの素、赤ワイン、トマトジュース、セロリの葉を火にかけ3分程煮る。
7. セロリの葉を取りのぞき(6)のソースを(5)のハンバーグの上にかけて、180℃のオーブンで10分焼く。
8. 焼き上がったらミックスベジタブルとみじん切りしたパセリを散らし、そのまま食卓へ出す。

recipe #043
New York Spicy Rub Steak

NY風 スパイシー グリルステーキ

ブロック肉にいろんなミックススパイスをすり込んでグリル＝網焼きにする、シンプルなアメリカ風の肉料理。すりこむミックススパイスは「Rub」と言っていろんな種類があります。ご家庭では、魚焼き器を利用すればOK。お味はステーキよりもさっぱり香ばしく、ローストビーフよりもジューシー。本格的なグリル料理がカンタンに作れます！

材料　［4人分］

- 牛フィレ肉塊 …… 300g
- 無糖ココア …… 大さじ1〜2
- インスタントエスプレッソコーヒー …… 大さじ2
- 塩・こしょう …… 適宜
- タイム …… 少々
- じゃがいも …… 200g
- さつまいも …… 200g

how to...

1. 牛フィレ肉を塩・こしょうし、次にココアとインスタントエスプレッソコーヒーを牛肉の周りにつける。
2. タイムをちぎって上から散らす。
3. 魚焼き器（グリル）でこんがり焼く。じゃがいも、さつまいもをスライスし、カリッと揚げて塩・こしょうする。
4. 器にグリルステーキを置き、フライドポテト等を盛り、タイムを散らす。

recipe #044
Cold Beef and Grapes.Lettuce Salad with Herb Dressing

牛しゃぶとぶどうの
ハーブドレッシング添え

"牛しゃぶとぶどう"なんて、
一見、意外なコラボのようだけれど
実はフルーツと牛肉の相性のよさを
あらためて発見できる組み合わせなのです。
他にもりんごやオレンジなど、
ほんのり酸味のある果物ならなんでもOK。
ハーブドレッシングもみょうがやらっきょう、
紫蘇などに変えてもおいしいですよ。

Chapter II ── 料理すること ── おいしい！肉料理

材料　　　　　　［4人分］

しゃぶしゃぶ用牛肉	300g
レタス	1個分
玉ねぎ	1/2個
キウイ	1〜2個
ぶどう	10粒

［ハーブドレッシング］

バジル	10枚
ライム	1個
グレープシード油	150cc
しょう油	少々
こしょう	適宜

how to...

1. 鍋にたっぷりの湯を沸かし、牛肉を一枚ずつ茹で冷水に取る。
2. キウイは皮をむきタテ1/8に切る。ぶどうは皮をむく。
3. レタスは食べやすい大きさにちぎり、スライスした玉ねぎと一緒に皿に盛る。
4. (3)の上に、(1)の牛肉、(2)のフルーツを乗せる。
5. すり鉢でバジルの葉をすり潰し、ライムの果汁、グレープシード油を混ぜ合わせ、しょう油少々を加え、ドレッシングを作る。最後にこしょうを加えて(4)のサラダにかけていただく。

recipe #045
Chicken Cutlets and Chia Seed & Fruit Salad
ミラノ風カツレツと
チアシード&フルーツサラダ

ミラノ風カツレツは脂身の無い部位で軽く仕上げるのでとてもヘルシー。
サイドに添えるサラダにも、今話題のオメガ3含有のチアシードや
オレイン酸やリノール酸たっぷりのオリーブ油、
フルーツの抗酸化作用と、がっつりボリューム感はあるのに
体にいいとこづくめの一皿です。

材料　　　　［4人分］

[ミラノ風カツレツ]

鶏ささみ ・・・・・・・・・ 4枚
塩・こしょう ・・・・・・ 少々
小麦粉 ・・・・・・・・ 大さじ2
卵 ・・・・・・・・・・・・・ 1個
パン粉(細かいもの) ・・ 適宜
マスタード ・・・・・ 大さじ1
サラダ油 ・・・・・・・ 200cc
ローズマリーの花(あれば) 適宜

[チアシード＆フルーツサラダ]

いちご ・・・・・・・・ 3〜4個
キウイ ・・・・・・・・・・ 1個
オレンジ ・・・・・・・ 小1個
ファッロ小麦 ・・・・ 大さじ3

[A]

イタリアンパセリ(みじん切り)
・・・・・・・・・・・・ 大さじ1
ガーリックローズマリー油
・・・・・・・・・ 大さじ2〜3
塩・こしょう ・・・・・・ 少々
レモン汁 ・・・・・・・ 大さじ1
チアシード(水で戻したもの)
・・・・・・・・・・・・ 小さじ2

how to...

[ミラノ風カツレツ]

1. ささみは筋を取り、ラップの上からめん棒で叩いて平たくし、半分の大きさに切る。塩・こしょうして、マスタードを塗る。
2. ささみに、小麦粉、溶き卵、パン粉の順で衣をつける。
3. フライパンに2cmくらいの深さまでサラダ油を入れて熱し、ゆっくり揚げる。

[チアシード＆フルーツサラダ]

1. ファッロ小麦はやわらかくなるまで茹で、ざるに上げる。
2. いちご・キウイ・オレンジは1cm角に切り、(A)の材料を入れて混ぜ、カツレツに添える。

Philosophy II ― 料理すること ― おいしい！肉料理

recipe #046
Garlic Rosemary Oil
ガーリック・ローズマリーオイル

エキストラ・バージン・オリーブ油に摘んできたハーブを漬けておくだけ。サラダやお肉にそのままかけて、またドレッシングやソース、炒め物にと活用できます。季節のプレゼントにしても素敵ですね。

材料

ローズマリー ・・・・・・・ 適宜
オリーブ油 ・・・・・・・・ 適宜
にんにく ・・・・・・・・・ 1片

how to...

1. オリーブ油に、皮をむいたにんにくとローズマリーを入れておく。1時間もすれば香りが移って使えます。(3週間ぐらい保存可能)ハーブの色が落ちてきたらローズマリーを取り出してもよい。

Finest Fish Dishes

島国の豊かな魚料理

最近は魚料理をあまり作らない家庭が増えています。
その反面、脳を元気にしてくれる"DHA"が豊富に含まれる
いわしやまぐろなどの青魚が注目されていますね。
私たちの住む日本は、海に囲まれた島国。
黒潮、親潮など4つの大きな海流があり、なんと3000種類もの魚がいるのだとか。
そんな豊かでヘルシーな海の恵みを、毎日の食卓にもっと気軽に取り入れてみませんか?

recipe #047
Oiled Sardine
いわしのオイル漬け

いわしはいつでも手に入りやすいお手頃な魚で、味も脂のりもよく、
生姜煮にしても天ぷらにしてもおいしい食材です。
小さないわしが手に入ったら、オイル漬けにしておくのがおすすめ。
オープンサンドにしたり、サラダにしたり。また日本酒にもワインにも合う前菜としても活躍します。

材料　［4人分］

- いわし ･････ 300〜500g
- オリーブ油 ･･････ 150cc
- にんにく ･･････････ 1片
- 玉ねぎ ････････････ 中1個
- にんじん ･･････････ 1/2本
- セロリ ･････････････ 1本
- ピーマン ･･････････ 2個
- 赤唐辛子 ･･････････ 1本
- 黒こしょう ･･････････ 5粒
- パセリ(みじん切り) ･･ 適宜
- 小麦粉 ･････････････ 適宜
- 揚げ油(なたね油など)
  ････････････････････ 適宜
- 塩・こしょう ･･････････ 適宜

how to...

1. いわしは頭と内臓を取り、塩水で洗ってペーパータオルで水分を取り、塩・こしょうする。
2. いわしに小麦粉を薄くまぶし、170℃に熱した油でカラッと揚げる。
3. にんにく、玉ねぎ、にんじん、セロリ、ピーマンは同じような大きさで細切りにする。
4. 深鍋にオリーブ油を1/3ほど入れて火にかけ、(2)のいわし、(3)の野菜を加えて弱火で炒める。しんなりしたら残りのオリーブ油、香草、黒こしょう、赤唐辛子すべて加えて弱火で5分ほど煮る。
5. 耐熱の保存容器にいわしを並べ、(4)を注ぎ、パセリのみじん切りを散らして冷やす。

Chapter II ── 料理すること ── 島国の豊かな魚料理

recipe #048
Red Snapper Carpaccio with Chinese Dressing
中華風鯛のカルパッチョ

さっぱりとした味わいの白身魚のカルパッチョは、
実は魚好きの国・日本で生まれたメニュー。
本場イタリアでは、牛の赤身肉で作られる料理。
ちなみに、この名前は赤い絵ばかり描いていた
画家のカルパッチョさんからつけられたのだそうですよ!

how to...

1. 野菜類はそれぞれ細い千切りにして水にさらし、シャキッとさせてから、よく水気を切っておく。
2. 松の実、胡桃、ピーナッツは軽く炒り、粗みじん切りにしておく。
3. 鯛はお刺身用に薄切りにする。
4. タレの材料をよく混ぜ合わせておく。
5. お皿に、(1)の野菜、(3)の鯛を盛り(2)をふりかけて最後にあさつきを散らす。(4)のタレをかけていただく。

材料　[4人分]

- 鯛(刺身用) ····· 1〜2冊
- にんじん ········ 1/2本
- 赤ピーマン ······· 2個
- 長ねぎ ··········· 1本
- セロリ ·········· 1/2本
- きゅうり ········ 1/2本
- 香草(イタリアンパセリなど) 適宜
- 松の実 ············ 15g
- 胡桃、ピーナッツ ···各10g
- あさつき ········· 適宜

[タレ]

- しょう油 ······· 大さじ4
- ごま油、すりごま　各大さじ1
- ねぎ(みじん切り) ·· 大さじ1
- レモン汁 ······· 大さじ3
- 砂糖 ········· 小さじ1/2
- おろしにんにく ·· 小さじ1/2
- 一味唐辛子 ···· 小さじ1/2

Chapter II ｜ 料理すること ｜ 島国の豊かな魚料理

recipe #049
Simmering Flounder with Soy Sauce
かれいの煮付け

昭和の時代の夕げの食卓では、焼き魚か魚の煮付けが
メインディッシュ。その中でも、かれいの煮付けはご馳走でした。
ふんわり柔らかな身と、コクのあるおしょう油味のたれは、
白いご飯にもぴったり。この懐かしくやさしい味を
今の子どもたちにも、ぜひ知っておいてほしいものです。

材料　　　　　　　[2人分]

かれい（切り身）・・・・・2切れ
酒・・・・・・・・・・大さじ4
砂糖・・・・・・・・・大さじ2
水・・・・・・・・・・大さじ5
しょう油　・・・・・大さじ2～3
しょうがの絞り汁・・大さじ1

[付け合せ]

青ねぎの根の部分　・・1/2本
サラダ油　・・・・・・・・適宜

how to...

1. かれいに熱湯をさっとかけて臭みをとる。
2. 鍋に、かれい、酒、砂糖を入れて煮立ったらしょう油と水も入れる。
3. しょうがの絞り汁を入れて、かれいに火が通ればできあがり。

[付け合せ]

1. 青ねぎは根の部分を3cmの長さに切り、金竹串に刺し、サラダ油にくぐらせる。
2. コンロの直火で焼き目がつくまで焼く。
3. かれいの煮付けの鍋の中へ一緒に入れて味を染ませておく。

recipe #050
Fish and Chips Aiko Style
フィッシュ アンド チップス

お魚嫌いな子どもたちでも、
これならどんどん手が伸びる！
ハーブを効かせた衣はサクサク、ふんわり。
もったりコクがある手づくりのタルタルソースや
手づくりケチャップなど、
あれこれソースの味を変えながら楽しんで。

材料　　　　　[2人分]

たら	200g
じゃがいも	中2個
塩・こしょう	適宜
サラダ油	適宜
手づくりケチャップ(P.039)	
	適宜

[衣]

小麦粉	50g
卵	1個
パン粉	100g
タイム、パセリなど	適宜

[タルタルソース]

サワークリーム	100g
白ワイン	大さじ1
生クリームまたは牛乳	大さじ1
手づくりマヨネーズ(P.017)	大さじ3
マスタード	大さじ1
酢漬けのらっきょう(みじん切り)	6粒
ディル	適宜

how to...

1. たらは皮をはぎ、一口大よりやや大きめに切って塩・こしょうしておく。
2. パン粉に刻んだハーブを混ぜておく。(1)に小麦粉をまぶし、溶き卵の液にくぐらせ、パン粉をつける。
3. じゃがいもは洗って4つ切りにし、電子レンジに2〜3分かけて七割がた火を通しておく。
4. サラダ油を170℃に熱し、(2)のたらと(3)のじゃがいもを入れ、からりと揚げる。
5. タルタルソースの材料をボウルで混ぜ合わせる。
6. ペーパーを敷いた器に揚げたたらとじゃがいもを盛り、タルタルソースと手づくりケチャップを添えていただく。

伝統的なイギリスのフィッシュ アンド チップスの衣は #051のエビマヨで使うフリッター衣で揚げます。こちらもぜひお試しください！

recipe #051
Deep Fried Shrimp with Mayo-Sauce
ぷりぷり・エビマヨ

サクッとした衣に包まれたぷりぷりのエビと
クリーミーなマヨネーズのコンビは、家族みんなが大好きな味。
マヨネーズやケチャップを手づくりにすると
いっそうまろやかでコクのある味わいに。

材料　　　　　[2人分]

エビ	12尾
酒	適宜
レタス	適宜
サラダ油	適宜
塩・こしょう	適宜

[フリッター衣]

卵白	2個分
卵黄	1個分
オリーブ油	大さじ1
牛乳	100cc
ビール	50cc
小麦粉	150g

[マヨネーズソース]

マヨネーズ	大さじ2
ヨーグルト	大さじ1
ケチャップ	小さじ1
レモン汁	少々

1. エビは皮をむき、わたを取って、酒、塩少々を絡めておく。
2. 衣を作る。卵白はピンと立つまで泡立てる。卵黄、オリーブ油、牛乳、ビールを加えて混ぜ合わせ、最後に小麦粉を加えて混ぜ合わせる。
3. サラダ油を170℃に熱し、エビに(2)の衣をつけてからりと揚げる。
4. マヨネーズソースの材料を混ぜ合わせる。レタスは千切りにする。
5. 器にレタスを敷き、揚げたエビを盛って(4)のソースをかける。

Chapter II　料理すること　島国の豊かな魚料理

Awesome Tofu Dishes

超カンタン！豆腐のおかず

「TOFU」は今や世界共通語です。
アメリカでもTOFUのスムージーやサラダなどのメニューが人気で
今や「Healthy」の代名詞が「Tofu」となっているほど。
ここでは、世界で認められた健康食品・豆腐の超カンタン・レシピをご紹介。
時間もかからずできるから、
忙しい時のもう一品にぴったりです。

recipe #052
Tofu with Avocado and Tomato
アボカドとトマトの豆腐

色鮮やかな食欲をそそられる彩りの豆腐。切って、盛り付けるだけなので超スピーディーにできあがります。中華風のドレッシングには、素朴な風味の木綿豆腐がよく合います。

材料　　　　　　　　[4人分]

木綿豆腐	1丁(300g)
アボカド	1/2個
トマト	1個
レモン汁	大さじ1
黒ごま	適宜
香菜またはイタリアンパセリ	適宜

[ドレッシング]

しょう油	大さじ3
酢	大さじ3
砂糖	大さじ1
ごま油	大さじ2
黒こしょう	少々

how to...

1. アボカドは1cm角に切り、レモン汁をかけておく。トマトは3cm角に切る。
2. ドレッシングの材料を混ぜ合わせる。
3. 豆腐は1/4に切り、皿に盛ってアボカド、トマトを散らす。上からドレッシングをかけて黒ごまを散らし、香菜やイタリアンパセリを飾る。

recipe #053
Tofu with Salt and Olive Oil
塩とオリーブ油で豆腐

以前、ハワイの海水を天日干しして作った天然塩をひとふりしてお豆腐をいただいたら、本当においしかった！それ以来、おいしいお豆腐が手に入ったら、まずは天然塩とオリーブ油で。こんなシンプルな食べ方が、素材のおいしさを一番に引き出してくれるのです。

材料　　　　　　　　[4人分]

絹ごし豆腐	1丁(300g)
ハワイの海洋深層水の塩	少々
エキストラバージン・オリーブ油	適宜

how to...

1. 絹ごし豆腐は好きな大きさ・形にカットしたり、型で抜く。
2. 塩をひとつまみ振って、オリーブ油をたっぷりかけていただく。

recipe #054

Tofu Stake with Miso Sauce

豆腐ステーキ みそソース

豆腐を香ばしく焼いて、
ごまの香りのソースを添えて。
晩酌にも、ご飯にもぴったりの一品です。
みそソースも茹でた野菜にかけたり、
お肉とからめたりと
いろいろに使えるので、
作り置きしておくと便利です。

how to...

1. 豆腐は水気を切り、半分の厚みに切り、小麦粉をまぶしておく。
2. フライパンにごま油を入れ、豆腐を並べて色よく焼く。
3. みそだれを作る。鍋にサラダ油を熱し、玉ねぎを炒める。しんなりとしてきたら、水と酒、砂糖を加え、砂糖が溶けたらみそを加え、混ぜる。
4. 焼きあがった豆腐を皿に盛り、(3)のみそだれをかけ、細切りにした白ねぎをあしらう。

材料　[4人分]

木綿豆腐	1丁(300g)
ごま油	大さじ1
小麦粉	適宜
白ねぎ	適宜

[みそだれ]

玉ねぎ(みじん切り)	1/2個
水	100cc
酒	大さじ2
砂糖	大さじ3
みそ	100g
サラダ油	適宜

recipe #055
Goya Chanpuru

ゴーヤーチャンプルー

沖縄豆腐はゴワゴワと硬く、チャンプルーのような炒め物にはぴったり。
普通の木綿豆腐を使う時には、あらかじめレンジで豆腐の水気を飛ばしておくと上手に作れます。
ゴーヤーはきゅうりと同じく家庭菜園でも手軽に栽培できるので
わが家でも庭のゴーヤーが実ると、このメニューが登場します。

材料　　　　　　［4人分］

木綿豆腐	1/2丁
ゴーヤー	1本
豚バラ肉	100g
卵	1個
ごま油	大さじ2
しょう油	大さじ1

［合わせ調味料］

しょう油	大さじ1
酒	大さじ1/2
砂糖	小さじ1/2
しょうが (すりおろし)	1片
塩	少々

how to...

1. 中華鍋にごま油を入れ、卵を流し入れ半熟状態で取り出す。
2. 豆腐は皿に乗せ、電子レンジで6分加熱し、水切りして8等分する。
3. ゴーヤーは縦に2つに切り、スプーンで種とわたを取り薄切りし、鍋に湯を沸かして塩（分量外）を入れ、ゴーヤーをさっと茹でる。
4. 豚肉にしょう油を絡めておく。
5. 中華鍋にごま油大さじ1/2を入れ、豚肉を入れて炒め、色が変わって来たら再びごま油大さじ1/2を入れ、豆腐を入れて炒める。
6. （5）に（3）のゴーヤーを加え、全体に火が通ったら卵を入れ、合わせ調味料を入れ、手早く混ぜ、器に盛る。

Chapter II ｜ 料理すること ｜ 超カンタン！豆腐のおかず

Hearty
Stew and Soup

ほっこりシチューとスープ

いろんな野菜やお肉をコトコト煮込んだ
栄養たっぷりのシチューやスープ。
家族の体調がすぐれない時には、あれこれ工夫を重ねて
暑い日には、冷んやり喉ごしのよいものを
寒い日には体を温めるものをと、心を尽くして作れば
たった一口でも、体の芯から不思議なパワーを与えてくれる
"愛情のメッセンジャー"になります。

recipe #056
Healthy Minestrone

ヘルシー・ミネストローネ

ミネストローネといえば、パスタを入れたイタリアの具沢山スープですが
パスタの代わりに大麦を使うと栄養価も高く、
植物繊維は玄米の3倍にもなります!
バジルソースを添えると、朝食にもぴったりのフレッシュな香りが広がります。

材料 [6人分]

玉ねぎ	1/2個
じゃがいも	1個
かぼちゃ	100g
にんじん	1/2本
トマト	大2個
にんにく	1片
ゆで大豆	100g
大麦	30〜50g
スープ	800cc
白ワイン	大さじ3
オリーブ油	大さじ1〜2
塩・こしょう	適宜

[ブーケガルニ]

バジル	適宜
タイム	適宜
パセリ	適宜

(その他好みのハーブを色々合わせてもよい)

[バジルソース]

にんにく	2片
バジル	100g
ほうれん草の葉	200g
パセリ	大さじ3
松の実	大さじ3
パルメザンチーズ	100g
オリーブ油	100cc

how to...

1. 玉ねぎ、じゃがいも、かぼちゃ、にんじんは1.5cm角に切る。トマトは皮と種を取り、1.5cm角に切る。にんにくはみじん切りにする。大麦は1時間ぐらい水に浸けておく。バジル、タイム、パセリは紐で束ねてブーケガルニにする。

2. 鍋にオリーブ油を入れ、にんにく、玉ねぎを炒める。にんにくの香りが出たらじゃがいも、かぼちゃ、にんじんを加えて炒める。

3. スープを注ぎ、白ワイン、トマト、ブーケガルニを入れて10分ぐらい煮込む。

4. ブーケガルニを取り除き、大麦とゆで大豆を入れ、10分ぐらいやわらかくなるまで煮る。最後に塩・こしょうで味を調える。

5. バジルソースの材料をすべてフードプロセッサーにかける。

6. 器にスープを入れ、上にバジルソースを乗せていただく。

bouquet garni

ブーケガルニとはパセリ、タイム、ローリエなどのハーブを数種類束ねたもので、煮込み料理の風味づけに使用されます。
これらは食べる前に取り除いてくださいね。
ハーブの種類も好みで変えてもいいのでいろいろ試してください。

recipe #057
Hearty Chicken Stew
チキンクリームシチュー

ゴロゴロとお野菜たっぷりのクリームシチューは
冬の季節には欠かせないメニューのひとつ。
ここではぜひ、手づくりのホワイトソースに挑戦してみてください。
余計な味が入っていないから、野菜やお肉本来の味がぐんと引き立ちます。

材料　　　　　　　　［4人分］

- 鶏手羽元 …………… 500g
- じゃがいも ………… 3個
- にんじん ………… 2本
- 塩・こしょう …… 少々
- バター ………… 大さじ2
- スープ ………… 600cc

［ホワイトソース］

- バター ………… 大さじ3
- 小麦粉 ………… 大さじ2
- シェリー酒 …… 大さじ1
- 牛乳 …………… 300cc
- 生クリーム …… 100cc

how to...

1. じゃがいもとにんじんは5cmの大きさに切る。
2. 鍋にバターを溶かし、じゃがいも、にんじん、鶏手羽元を入れて炒め、スープを注いで30〜40分煮込む。
3. ホワイトソースを作る。
4. 別鍋にバターを溶かし、小麦粉をふり入れて焦がさないようにしながらサラサラになるまで炒め、シェリー酒をふりかける。
5. 十分に炒めたら、牛乳を加えて泡立て器で混ぜながらなめらかにする。
6. (2)の煮汁を少しずつ加えて溶きのばし、生クリームを加える。
7. (2)にホワイトソースを加え、塩・こしょうで味を調える。ホワイトソースを入れてからあまり長く煮込まないように。煮込み過ぎると分離してしまいます。

recipe #058
Green Spinach Soup
ほうれん草のスープ

ほうれん草の緑がきれいなスープには、βカロテンやミネラルがたっぷり。
野菜をまるごといただく感覚の、ヘルシーなスープです。
じゃがいもやご飯を加えたトロリとした口当たりも魅力的。
冬は温かく、夏は冷蔵庫でキリリと冷やしてもおいしくいただけます。

Chapter II ── 料理すること ── ほっこりシチューとスープ

材料　［4人分］

ほうれん草	1束
玉ねぎ	中1個
じゃがいも	小1個
ご飯	50g
バター	20g
スープ	800cc
生クリーム	100cc
塩・こしょう	少々

how to...

1. ほうれん草は葉の部分をちぎっておく。鍋に湯を沸かして塩少々（分量外）を入れ、ほうれん草を茹でる。ほうれん草の色が変わったらすぐに取り出し、冷水に浸ける（色をきれいに出すため）。
2. 玉ねぎ、じゃがいもは皮をむき、薄切りにする。鍋にバターを入れて熱し、玉ねぎ、じゃがいもを炒める。
3. (2)にスープを加え、野菜がやわらかくなるまで煮たら、そのまま粗熱を取る。
4. ミキサーに(3)を入れる。(1)のほうれん草の水気をよく切って加え、ご飯も加えてなめらかな状態になるまで撹拌する。
5. 鍋に(4)を移し、火にかけて塩・こしょうで味を調えて器に盛る。生クリームをかけていただく。

recipe #059
Simple Carrot Soup

にんじんのスープ

にんじんだけで作った直球のキャロットスープ。
オリーブ油でにんじんをよく炒めることがおいしさのこつ。
毎日でもいただきたい一杯です。

材料	[4人分]
にんじん	3本
玉ねぎ	1個
水	適宜
オリーブ油	大さじ1
塩・こしょう	少々
タイム	少々

how to...

1. にんじん、玉ねぎは薄切りにする。鍋にオリーブ油を熱し、にんじん、玉ねぎを入れて20分ほどよく炒める。
2. 材料がひたひたになるまで水を加え、弱火で煮込む。
3. 野菜がやわらかくなったらミキサーにかけてなめらかにし、鍋に戻して再び火を入れ、塩・こしょうで味を調える。
4. 器に盛ってタイムの葉を飾る。

recipe #060
Mill Fanti

洋風かきたまスープ

フランスの家庭で生まれた
「ミル・ファンティ」というオシャレな名前のスープ。
手早く、簡単、忙しい朝にぴったりの一品です。

材料	[4人分]
スープ	800cc
卵	2個
生パン粉	大さじ3
粉チーズ	大さじ2
パセリ	適宜
塩・こしょう	適宜

how to...

1. 卵をボールにほぐし、生パン粉・粉チーズを加えて混ぜ合わせる。
2. 煮立っているスープに(1)の卵液を流し入れてかき混ぜる。
3. 煮立っている卵がふわっと浮き上がってきたら火を止め、塩・こしょうで味を調える。
4. 器に注いで、刻んだパセリをふる。

recipe #061
Super Beans Soup
お豆のスープ

スリランカへ旅した時、スーパーにいろいろな豆が
麻袋に入って並べられていました。
豆好きの私はさっそく購入。
いつの間にかキッチンに色とりどりの豆が集まりました。
そんな身近にある豆をコトコト煮るだけで、
ちょっとリッチなスープができあがります。
冷蔵庫にある野菜やお肉など、
どんな素材とも好相性。
植物性タンパク、ミネラルや
繊維質も豊富でお腹の中から
ほっこり温まる、万能スープです。

材料　　　　　［6人分］

豆類（大豆・枝豆・スプリット豆・
キドニービーン・青豆・レンズ豆・
ひよこ豆・緑豆など）
・・・・・・・・ 合わせて100g
ミニトマト ・・・・・・・ 10個
しめじ ・・・・・・・・・ 30g
塩・こしょう ・・・・・・ 少々
スープ ・・・・・・・ 1000cc
パセリ、タイム ・・・・・ 少々

how to...

1. 豆は水に1時間ほど水に浸けておく。
   （スプリット豆、レンズ豆・緑豆など小さく火の通りのよいものは
   浸けなくてOK）
   （枝豆は茹でて豆を取り出しておく）。

2. 鍋に枝豆以外の豆とスープを入れて弱火で煮る。豆に火が通り
   はじめたら、半分に切ったトマト、しめじを加える。

3. 豆に火が通ったら枝豆を加え、塩・こしょうで味を調え、刻んだパ
   セリ、タイムを散らす。

Dim sum, Noodle and Pasta

パスタと麺・点心

日本人ほど麺好きの国民はいないのでは？と思うほど
うどんにそば、ラーメンにパスタ、餃子…と
街には世界中のメニューが集います。
もちろん、お家でも麺類や点心はお手軽な一品としてなくてはならない存在。
これまでお店や冷凍、インスタントでしか味わえない、と思っていたメニューでも
意外と簡単に、そしておいしく手づくりできるんですよ。ぜひお試しあれ。

recipe #062
Couscous Salad
クスクスのサラダ

北アフリカからヨーロッパにかけて広く食されているクスクスは
実は小麦から作られる粒状のパスタの一種。
このレシピはオーストラリアはタスマニアの料理研究家 マーガレットさんから教わりました。
ただ炒めるだけなのに、こんなにおいしい！
ナッツやドライフルーツ、そしてクスクスといった異なる味わいと
食感のコラボが魅力の一品です。

材料 ［4人分］

クスクス	200g
マスタードシード	大さじ1
松の実（軽くローストする）	20g
ドライクランベリー（水に浸けておく）	大さじ2
バター	大さじ2
塩・こしょう	適宜
パセリ（みじん切り）	適宜

［A］

赤ピーマン	1/2個
緑ピーマン	1/2個
赤玉ねぎ	1/2個

how to...

1. 鍋にたっぷりの湯を沸かし、クスクスを入れて約30秒ぐらい茹でてすぐにざるに取って水気を切る。
2. 赤ピーマン、緑ピーマン、赤玉ねぎはみじん切りにする。
3. フライパンにバターを溶かし（2）を入れ炒め、次にマスタードシードを入れて炒める。最後にクスクスを入れ、よく混ぜるように炒める。
4. （3）に松の実、塩・こしょうを加え、最後にドライクランベリーを入れて混ぜ合わせる。
5. 器に盛り、パセリを散らす。

※ クスクスの戻し方は、購入したクスクスによるので購入した箱の説明通りに戻す。

サンバルチリ風トマトソース
材料 ［2人分］

玉ねぎ(みじん切り)	1/2個
にんにく(すりおろし)	大さじ2
しょうが(すりおろし)	大さじ2
ベイリーフ	1枚
クローブ	4粒
ローズマリー	1枝
唐辛子(粉)	大さじ1
トマトケチャップ	1/2カップ
はちみつ	大さじ1
レモン汁	大さじ1 1/2
オリーブ油	100cc
塩	小さじ1/2

how to...

1. オリーブ油に玉ねぎを入れて玉ねぎがやわらかくなるまで炒める。
2. 火を弱めてにんにく、しょうが、ベイリーフ、クローブ、ローズマリーを入れて炒める。
3. (2)に、トマトケチャップ、唐辛子、はちみつ、塩を入れて混ぜながら火を通し、最後にレモン汁を入れて混ぜる。

recipe #063
Penne Arrabbiata

マレーシア風ペンネアラビアータ

マレーシアで教えていただいたサンバルチリ風トマトソースはピリリとスパイシーで、トマトの酸味と甘みが豚肉、鶏肉、牛肉や豆腐にもよく合います。パスタ以外にもいろいろ使えますよ。

材料 ［2人分］

ペンネ	160g
トマト	2個
サンバルチリ風トマトソース	大さじ2
コリアンダー	適宜
オリーブ油	適宜

how to...

1. ペンネは表示どおりに茹でる。
2. トマトは湯むきをして種をとり、ざく切りにする。
3. (2)のトマトとサンバルチリ風トマトソース混ぜ合わせる。
4. 茹で上がったペンネにオリーブ油をまわしかけて軽くまぜ、(3)のソースをのせ、コリアンダーを飾る。

recipe #064
Bean's Vege Farfalle

豆と野菜のファルファッレ

パスタをカレー粉入りのお湯で茹でると
明るい黄色になって、見た目のおいしさも倍増。
ピリリとカレーの風味が効いた一品になります。
お豆と野菜をたっぷり加えて、
サラダ感覚でいただきましょう。

材料　　　　　　　[2人分]

ファルファッレ	80g
キャベツ	4枚
いんげん豆	16本
スナップえんどう	16本
生ハム	8枚
カレー粉	大さじ2
木の芽	少々

[ドレッシング]

白ワインビネガー	大さじ2
オリーブ油	大さじ4
おろし玉ねぎ	小さじ2
わさび	小さじ1/4
塩・こしょう	少々

how to...

1. ドレッシングの材料をボウルに入れて混ぜ、最後にゆっくりオリーブ油を入れながら混ぜ、ドレッシングを作っておく。

2. キャベツは手でちぎり、塩少々(分量外)を入れた熱湯でさっと茹でる。スナップえんどうといんげん豆は筋を取り、キャベツと同じく熱湯でさっと茹でる。生ハムは食べやすいように、2～3等分に切っておく。

3. 別の鍋に湯を沸かし、カレー粉を入れて溶かし、ファルファッレを茹でる。茹で上がったらすぐに冷水に取り、(2)の野菜と生ハムを和える。

4. 皿に盛り、(1)のドレッシングをかけ、上に木の芽を飾る。

recipe #065
Chinese Fried Noodle
中華風焼きそば

とろ～りとした具沢山のあんに表面をパリッと焼き上げた香ばしい麺がおいしさのポイント。エビや貝柱などの海鮮を加えると、グンと風味もアップして豪華な一品になります。

材料	[2人分]
豚もも肉薄切り	75g
玉ねぎ	1/8個
にんじん	1/8本
キャベツ	大1枚
しいたけ	1個
青ねぎ	1本
中華麺	2玉
サラダ油	適宜
水溶き片栗粉	大さじ2

[A]
塩・こしょう	少々
酒	大さじ1/4
片栗粉	大さじ1/4
ごま油	大さじ1/4

[B]
水	100cc
スープの素	小さじ1
砂糖	大さじ1/4
しょう油	小さじ1
酒	大さじ1/4
オイスターソース	大さじ1/2

how to...

1. 豚肉をボウルに入れて(A)の材料をよくもみ込み、下味を付ける。
2. 玉ねぎとしいたけは薄切り、キャベツはザク切り、にんじんは4cmの長さの短冊切りにする。
3. (B)の材料を合わせ、調味料を作る。
4. フライパンにサラダ油を熱し、豚肉、玉ねぎ、にんじんの順に炒め、キャベツ、しいたけを加えてサッと炒める。
5. (4)に(3)の調味料を加えて、一煮立ちしたら水溶き片栗粉を加えてとろみを付ける。
6. 別のフライパンにサラダ油を熱し、中華麺をほぐして加え、押さえつけるようにしながら、両面をカリッとするまで焼く。
7. (6)を皿に盛り、(5)のあんをかける。
8. 青ねぎを切り、盛り付ける。

recipe #066
Naniwa Kitsune Udon
なにわのきつねうどん

うどんのおいしさは出汁のコクにあります。昔から濃縮の出汁の素みたいなものを「かえし」といいました。一度作っておくと2〜3ヶ月は保存できます。丼のたれにも、ざるそばのタレにも薄めて使います。

材料　　　　　　　[1人分]

うどん ・・・・・・・・・・・・1玉
ねぎ（細切りにする）・・ 適宜
出汁・・・・・・・・・・・・250cc
かえし調味料 ・・・・・ 25cc

[かえし調味料]

しょう油 ・・・・・・・・500cc
本みりん ・・・・・・・・ 80cc
砂糖・・・・・・・・・・・・・80g

[油あげの甘煮]

油あげ・・・・・・・・・・・5枚
出汁・・・・・・・・・・・200cc
砂糖・・・・・・・・大さじ1 1/2
しょう油 ・・・・・大さじ1 1/2
みりん ・・・・・・・・ 大さじ1

how to...

[かえし調味料]

1. 鍋にしょう油、本みりんと砂糖を入れ火にかけて、ゆっくり煮溶かす。沸騰する前に火を止め、冷ます。
2. 冷めたら、ビンなどに移し、一週間ほど熟成させるとおいしくなる。
3. かけ汁は、かえし1：出汁9の割合でのばして使う。

[油あげの甘煮]

1. 油あげは斜め2つに切り、湯をかけて油抜きをする。
2. 小鍋に出汁、砂糖、しょう油、みりんを入れて一煮立ちし、油あげを入れて弱火で味がしむまで煮る。

[仕上げ]

1. 鍋に、出汁とかえし調味料を入れて煮立てる。
2. 茹でたうどんを丼に入れ、(1)を注ぎ、油あげの甘煮とねぎを盛る。

Chapter II ｜ 料理すること ｜ パスタと麺・点心

recipe #067
Chicken Ramen

チキン照り焼きラーメン

ラーメンブームの昨今ですが、
お家でもおいしいラーメンが意外と簡単に作れます。
スープの素と和の出汁を合わせた
さっぱり塩系のスープに
香ばしくグリルした鶏肉、
たっぷりのねぎや野菜を添えれば
栄養のバランスも抜群です。

材料 [2人分]

[ラーメンスープ]

水	1000cc
スープの素	大さじ2
しょうが（スライス）	1片
白ねぎ	1/2本
かつお節の出汁パック	1袋
しょう油	大さじ1/2〜1
ごま油	大さじ1
酒	大さじ3
鶏もも肉	1枚分
しょう油	大さじ1
酒	大さじ1
白ねぎ	1/4本分
菊菜	2本
中華麺	2玉
塩・こしょう	少々
ごま油	少々

how to...

1. ラーメンスープを作る。鍋にラーメンスープの材料を入れて弱火で10分ほど煮る。
2. 鶏もも肉は、塩・こしょうし、酒、しょう油、ごま油をからめ20分ほどおき、魚焼きグリルで火が通るまで焼く。白ねぎは水にさらしておき、菊菜は洗っておく。
3. 中華麺は熱湯でさっと茹でておく。
4. 熱くした器に中華麺を入れ、スープを注ぎ、食べやすい大きさに切った鶏もも肉を乗せ、細く千切りした白ねぎ、菊菜を盛り付ける。

recipe #068
Homemade Gyoza
お家の餃子

まるで餃子を包むのと、
食べるのとが競争みたい！
作っても作っても、子どもたちが
どんどん平らげてくれる家の餃子。
その飽きないおいしさの秘密は、
にんにくを入れず、野菜たっぷりで
仕込んだあんにあります。

材料　　　　　[2人分]

豚バラ肉 ……… 200g

[A]

塩 …………… 小さじ1
こしょう ………… 少々
酒 …………… 大さじ3
しょう油 ……… 大さじ1
干しエビの戻し汁　大さじ1

白菜の葉 ……… 400g
干しエビ ……… 大さじ1
にら …………… 1/2束
しょうが ………… 1片
餃子の皮 ……… 30枚

how to...

1. 白菜はみじん切りにして塩（分量外）をふり、出た水分をしっかりと絞る。干しエビは水で戻し、みじん切りにする。（戻し汁はとっておく）ニラは5mm幅に切る。しょうがはみじん切りにする。
2. 豚肉は粗みじんにし、(A)の調味料を加えてねばりが出るまでよく練る。
3. (1)と(2)を混ぜ合わせてごま油 大さじ1を加えてさっと混ぜる。
4. (3)のたねを皮で包む。フライパンにサラダ油を熱し、餃子を入れ、底に焦げ目がついたら熱湯を注ぎ（フライパンの高さ約2/3）フライパンにふたをし、蒸し焼きにする。

Chapter II ｜ 料理すること ｜ パスタと麺・点心

Home Made Bread

おうちで手作りパン

パンの焼ける匂いは人を幸せな気分にさせる魔力を持っています。
一見、パン作りは難しそうだけれど、生地によっては
おうちでも簡単に作れるものもあるんですよ。
ここでは、ひとつの生地で作れる2つのメニューをご紹介。
みんなの笑顔がこぼれる、幸せのパンづくりに挑戦しましょう!

recipe #069
Fluffy Focaccia
ふわふわフォカッチャ

一番基本のパンの作り方。朝食に、サンドイッチに、ディナーにと大助かり。
オリーブ以外にもナッツやドライフルーツ、チョコチップ…
トッピングをいろいろ変えてみても楽しいですね。

材料　　　　［10個分］

［生地］

強力粉	200g
ドライイースト	3g
塩	4g
オリーブ油	15g
ぬるま湯	110cc
オリーブ	適宜
ローズマリー	適宜

how to...

1. **こねる**
   ボウルに粉類（強力粉、塩、ドライイースト）を入れ、ぬるま湯にオリーブ油を入れて、手で混ぜ合わせてから加え、混ぜる。生地は全体をキッチン台やまな板にたたきつけ、粉と水がよく混ざり合って耳たぶのやわらかさになるまで15分ほどこねる。

2. **第1次発酵**
   ボウルにオリーブ油大さじ2を入れ、きれいに丸めた生地を入れて、全体的にオリーブ油をまぶして、ぬれ布巾またはラップをボウルにかける。30〜40℃ぐらいの温かいところにおいて、倍近くになるまで発酵させる。（30分〜1時間）

3. **ベンチタイム**
   ふくらんだ生地を手で軽くおさえてガスを抜き、スケッパーまたはナイフで60gぐらいに分割し、きれいに丸めて、ぬれ布巾をかけて10分ほど生地を休ませる。

4. **第2次発酵**
   1個30gに成形し、休ませた生地にスライスしたオリーブの実やローズマリーを乗せて、オーブン用シートを敷いた天板に間隔をあけて並べる。30〜40℃ぐらいの温かいところでぬれ布巾をかけて、発酵してひとまわり大きくなるまで待つ。

5. **オーブンで焼く**
   190℃で12〜15分焼く。

recipe #070
Fresh Tomato Pizza
フレッシュ トマトのピッツァ

みんなが集まったら、楽しいピッツアパーティーのはじまり！ 夏ならトマトやピーマンをたっぷり乗せて、ハム、ソーセージ、ツナ缶、チーズ…冷蔵庫にある好きな材料をどんどん乗せましょう！
生地づくりからママと子どもたちで楽しめるこのメニューは幼稚園の食育活動でも大人気のメニューです！

材料
［直径18cmの生地約2枚分］

［生地］

強力粉	200g
ドライイースト	3g
塩	4g
オリーブ油	15g
ぬるま湯	110cc

［トッピングとソース］

玉ねぎ	1個
マッシュルーム	2個
ベーコン	3〜4枚
鶏むね肉	30g
にんにく	1片
トマト	1/2個
トマトソース	大さじ3
オリーブ油	適宜
塩・こしょう	適宜
チェダーチーズ	適宜
パルメザンチーズ	適宜

how to...

［生地］

1. P.091の(1)を参照。
2. 生地を丸めなおし、15分ほど休ませる。
3. めん棒で厚さ5mmくらいで、好きな大きさに伸ばす。（1次、2次発酵はしなくて良い）

［トッピング］

1. 玉ねぎ、マッシュルームはスライスする。にんにくは薄くスライスする。鶏むね肉はそぎ切りにする。ベーコンは1cm幅で切っておく。
2. オリーブ油でにんにくを炒め、玉ねぎ、マッシュルームのスライス、ベーコンも入れて炒めて取り出す。そぎ切りにした鶏むね肉をフライパンに入れて炒め、塩・こしょうで味付けする。
3. トマトは湯むきしてざく切りにし、トマトソースと混ぜておく。
4. ピッツア生地に(3)のトマトソースを乗せて、(2)の具を乗せ、チェダーチーズとパルメザンチーズをたっぷりふりかけ、220℃のオーブンで15分ほど焼く。

---

recipe #071
Tomato Sauce
トマトソース

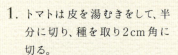
HOMEMADE SAUCE

夏になった庭にはトマトがいっぱい。たくさんできたら、そのまま冷凍しましょう。皮がつるっとむけて、皮をむく手間がなく簡単です。トマトがたくさん手に入ったら、ぜひどうぞ！！

材料

完熟トマト	10個	ローリエ	1枚
玉ねぎ(みじん切り)	1/2個	オリーブ油	大さじ3
にんにく(みじん切り)	1片	塩・こしょう	適宜
		砂糖	適宜

how to...

1. トマトは皮を湯むきをして、半分に切り、種を取り2cm角に切る。
2. 鍋にオリーブ油を入れ、にんにくを炒める。香りがたってきたら、玉ねぎを加えて炒め、トマト、ローリエを入れ20〜25分煮る。
3. 煮詰まってきたら、塩・こしょうをし、砂糖で甘みを調える。

WAKE UP!!
Breakfast
Everyday

朝ごはんを食べよう

日本では今、育ちざかりの10代や一人暮らしの多い20代、
さらには子育て世代の30代でも10〜20％の人がきちんと朝食をとっていないのだそうです。
朝食は1日をスタートする大切なエネルギー源。
食べないと脳や体の活動、集中力などのスイッチがONになりにくいのだとか。
1日を元気に快適に過ごすためには、バランスのよい朝食が必要。
忙しい朝にも手軽に取れる朝食メニューで爽快に1日をスタートしましょう！

recipe #072
Japanese Breakfast
日本の朝食

日本の朝食は白いご飯とお汁物、焼き魚、漬物などが定番。忙しい日常の中でも、"朝はご飯党"の人は多いものです。作り置きできるおかずや、昨夜の残り物、ちょっとしたご飯のおともがあれば、和朝食を手早く準備できます。

1. 菜飯
大根の葉やかぶらの葉、壬生菜などをさっと湯通しして、全体量の3%の塩をまぶしておく。水気を切り、細かく切ってご飯と混ぜる。

2. 即席汁
梅干しととろろ昆布を椀にいれ、しょう油少々をたらし、お湯を注ぐだけでできる即席おすまし。結び三つ葉やねぎを乗せて彩りよく。

3. 昨晩のおかずの残り物
「切り干し大根と大豆のはりはり漬け」 P.052 #035

4. かれいの干物
かれいなどの干物をグリルで焼く。レモン、ゆず、すだち、きんかんなどを添え、絞っていただく。

5. しいたけ昆布
まだまだ味が出る昆布がもったいない…と、昔の人は出汁をとった後の昆布も捨てませんでした。干ししいたけと昆布の旨みが合わさって、ご飯のおともに、おにぎりの具にと大活躍。

recipe #073
Shiitake & Tangle Tsukudani
しいたけ昆布

材料 [4人分]

昆布（出汁を取った後のもの）
・・・・・・・・・・・・・・・ 400g
干ししいたけ ・・・・・・・ 5枚
実山椒 ・・・・・・・・ 大さじ1
酒 ・・・・・・・・・・・・ 400cc
しいたけの漬け汁 ・・ 300cc
出汁 ・・・・・・・・・・・ 400cc
たまりじょう油 ・・・・ 大さじ5
しょう油 ・・・・・・・ 大さじ4

how to...

1. 昆布は2cm角に切り、しいたけは戻して、厚いものは厚みをそいで半分に切り薄切りにする。
2. 鍋にしいたけ昆布の材料を入れ、落しぶたをしてから鍋ぶたをかぶせる。
3. 弱火にかけ、時々混ぜながら1時間ほど煮る。
4. 昆布の芯がやわらかくなったら、そのままふたを取って水分を飛ばし、汁気が少なくなったら火を止める。

recipe #074
Fruits and Nuts Granola
フルーツ グラノーラ

19世紀末、アメリカでは働く人々のために
手早く栄養価の高い朝食が取れるよう
研究が進められました。
そこで生まれたのが「グラノーラ」。
一時は忘れられた存在になっていたのですが、
1970年代のヒッピーカルチャーの中で見直され、
今やナチュラル ヘルシー・フードの代表格に。
実はお家でも簡単に手づくりできるので、
基本のレシピを覚えたら、
自分好みの材料でアレンジしてみてはいかが？

材料　　　　　　［4人分］

オートミール ・・・・・・・・ 400g
キウイ ・・・・・・・・・・・ 1/2個
バナナ ・・・・・・・・・・・ 1/2本

［トッピングとソース］

くるみ
スライスアーモンド
パンプキンシードなど
・・・・・・・・・・・・・・・ 200g
小麦胚芽・・・・　大さじ3〜4
ドライフルーツ（レーズン・クランベリーなど）・・・・・・・・ 100g
グレープシード油または
オーガニックオメガ油など
・・・・・・・・・・　大さじ2〜3
はちみつ ・・・・・・・ 大さじ3
シナモン（パウダー）・・ 少々
塩 ・・・・・・・・・・・・・・　少々

how to...

［準備］
オーブンを160℃に温める。くるみ等ナッツ類はあらかじめローストしておく。

1. バナナは皮をむき、1cm厚の輪切りにする。キウイも皮をむき、半月切りにする。

2. ボウルにオートミール・小麦胚芽・ナッツ類、塩を入れてよくかき混ぜる。

3. 別ボウルにオイル類とはちみつを加えてとろりと乳化するまでよく混ぜる。

4. (2)と(3)とシナモンを加えてよく混ぜ、オーブンシートを敷いた天板に広げて160℃で20分ほど焼く。（焼いている途中で、2回ほど、耐熱ゴムベラなどでよくかき混ぜる）

5. オーブンから取り出し、完全に冷めるまで置いておく。冷めてから硝子瓶やコンテナ等に入れて保管する。

6. (5)に(1)のフルーツを乗せ、ヨーグルト、牛乳などを好みでかけていただく。

Chapter II ｜ 料理すること ｜ 朝ごはんを食べよう

recipe #075
Classic American Pancake
クラッシック パンケーキ

パンケーキというと日本ではスイーツのイメージですが
もともとアメリカでは、日曜日に家族揃っておめかしして教会のミサに参加し
その帰りにダイナーに寄ってパンケーキの朝食をいただく…という習慣があります。
いわばハレの日の朝ごはん、というわけですね。
欧米ではクリームやフルーツたっぷりの甘いパンケーキだけでなく
ソーセージやハム、目玉焼きなどを添えていただく食事タイプのメニューも豊富。
日曜日のブランチに、ぜひお試しあれ。

材料　　　　　　　［4人分］

薄力粉・・・・・・・・・・・300g
ベーキングパウダー　　小さじ1
卵・・・・・・・・・・・・・・2個
レモン汁・・・・・・・　小さじ1
牛乳・・・・・・・・・・・400cc
粉糖・・・・・・・・・・・・25g
塩・・・・・・・・・・・・・少々
グラニュー糖・・・・・・・75g
無塩バター・・・・・・・・適宜
生クリーム・・・・・・・・30cc
砂糖・・・・・・・・・・・・5g

how to...

1. 薄力粉とベーキングパウダーはよくふるっておく。
2. 卵、レモン汁、牛乳をよく混ぜ合わせる。
3. (2)に(1)を少しずつ加え、ダマにならないよう泡立て器でよく混ぜ合わせる。
4. (3)にふるっておいた粉糖、塩、グラニュー糖を混ぜ合わせ、30分くらい寝かせておく。
5. フライパンに無塩バターを入れて溶かし、(4)をお玉1杯分流し入れる。
生地の表面に小さな泡が出てきたら、ひっくり返して両面を焼く。生クリームに砂糖を加えて8分立てに泡立てて添える。

Chapter II ── 料理すること　朝ごはんを食べよう

recipe #076
Green Smoothie; Spinach and Carrot
グリーン・スムージー
〜ほうれん草とにんじん〜

スムージーはもともとインドのヨーグルトドリンク
「ラッシー」から生まれたもので
ヨーグルトやフルーツをミキシングした甘い飲み物でした。
それが10年ほど前に主婦のヴィクトリア・ブーテンコさんが
家族の野菜不足を補うために、ベジ系のスムージーを考案。
世界的な大ヒットとなったのです。
美肌、パワー、ビタミン、繊維質など、目的に合わせて
好きな野菜やフルーツをセレクトするのも楽しいですね。

グリーンスムージー

材料　　　　　　　［2人分］

- バナナ …………… 1本
- ほうれんそうの葉 …… 20枚
- プレーンヨーグルト ‥ 100cc
- 牛乳 …………… 150cc
- はちみつ ……… 大さじ1
- ミント …………… 5枚

how to...

1. バナナは皮をむき、1cm厚の輪切りにする。
2. すべての材料をミキサーに入れ、なめらかになるまで撹拌し、グラスに注ぐ。

キャロットスムージー

材料　　　　　　　［2人分］

- にんじん ………… 70g
- りんご …………… 1/4個
- 絹ごし豆腐 ……… 40g
- プレーンヨーグルト ‥ 100cc
- 豆乳 …………… 150cc
- はちみつ ……… 大さじ1

how to...

1. にんじん、りんごは皮をむき、1cm厚のいちょう切りにする。
2. すべての材料をミキサーに入れ、なめらかになるまで撹拌し、グラスに注ぐ。

recipe #077
Almond Milk with Mint Syrup

アーモンドミルク ミントシロップ

アメリカの健康志向は止まらない！！
70年代〜のファーストフード志向の
面影はもはや消えて、今やヘルシーな食の
新しいトレンドが続々と生まれています。
そんな中、今話題なのが「スーパーフード」。
これは特別な栄養価を持つ食品のことで、
ナッツ類もそのひとつ。植物繊維が豊富で、
ビタミンEたっぷりという優れもの。
その栄養価をそのままゴクゴク飲める
アーモンドミルクはオーガニック、
ベジタリアンの人々に絶大な支持を得ています。
ニューヨーク在住のクィニー・フォグさんに
教えていただいたレシピは
ミントシロップが味わいのポイント。
口当たりも爽やかになってぐんと飲みやすくなります。

材料　　　　［2人分］

アーモンド	125g
塩	小さじ1
水	400cc

［ミントシロップ］

ミント	2枝
グラニュー糖	50g
水	100cc

how to...

1. アーモンドはたっぷりの水にあらかじめ浸けておく。
2. アーモンドはざるにあげ、新しい水400ccと塩と一緒にミキサーにかける。
3. (2)を漉して、ぎゅっと絞る。
4. ミントシロップを作る。小鍋に水、グラニュー糖を入れて煮溶かし、ミントを加えて香りを移します。

Goodies!
Sweets and Cakes

Love sweets ♡

ホームメイドのおやつ

子どもたちにとって、ママが手づくりしてくれたおやつはきっと大人になっても忘れない宝物の味。
ここでは、パティシエだってかなわない"ママだけの味"を
パパッとスピーディーに作れるレシピをご紹介します。
もちろん、ちょっとしたホームパーティーやお客さまにも喜んでいただけるものばかり。
どんな人にも、スイートな記憶を胸に刻んでいただけるはずです。

recipe #078
Olive Oil Cup Cake with Flavor Butter
オリーブオイルのカップケーキとフレーバーバター

ニューヨークの4つ星レストラン「ル・バナダン」のパティシエ・マイケルさんに教えてもらったスパイシーなフィナンシェの生地を、気軽なティーパーティーやおやつにぴったりのカップケーキ型で焼いてみました。バターの半分をオリーブ油に代えたヘルシーなレシピ。ハーブやアンチョビの香りのフレーバーバターをちょっとつけていただくとワインにもぴったりの大人なスイーツになります。

材料 ［カップケーキ小14個］

- 無塩バター ……… 100g
- アーモンドパウダー …80g
- 薄力粉 ………… 80g
- 粉糖 …………… 220g
- 卵白 …………… 200g
- オリーブ油 ……… 100g
- 黒こしょう …… 小さじ1
- 粉糖 …………… 適宜

how to...

[下準備]
- ●オーブンは180℃に温めておく。 ●薄力粉はふるっておく。

1. ボウルに卵白を入れて軽くほぐし、粉糖、アーモンドパウダー、薄力粉の順番に入れて混ぜ合わせる。
2. 鍋に無塩バターを入れて火にかけ、時々鍋を揺らしながら茶色くなるまで熱し、焦がしバターを作る。濃い茶色になったら鍋底を冷水に浸けて色止めをし、茶こしで泡を濾す。
3. (1)のボウルに(2)の焦がしバターとオリーブ油、黒こしょうを加えて混ぜ合わせ、冷蔵庫で30分ぐらい休ませる。
4. 型に(3)の生地を流し込み、180℃に熱したオーブンで約15分焼き、焼き上がったあと粗熱が取れてから粉糖をふりかけて仕上げる。

recipe #079
Flavor Butter
フレーバーバター

材料 ［ハーブバター］

- 無塩バター ……… 100g
- フレッシュハーブ
  またはドライ（刻んだもの）
  ………… 大さじ2

※ハーブはミント、バジル、ローズマリー、セージなど好みで。

how to...

1. バターを常温にしてハーブを混ぜ合わせ、ラップをして冷蔵庫で冷蔵保存する。

材料 ［アンチョビトマトバター］

- 無塩バター ……… 100g
- アンチョビ（刻む）……2枚
- にんにく（すりおろす）‥1/2片
- ドライドトマト（刻む）…3個
- バジル（刻む） …1〜2枚

how to...

1. バターを常温にしてすべての材料を混ぜ合わせ、ラップをして冷蔵庫で冷蔵保存する。

recipe #080
New York Biscuits

ニューヨークビスケット

ニューヨークで料理家のメラニー・アンダーウッズ先生に教えていただいたレシピ。生地に生クリームをたっぷり練り込んだレシピや仕上げに生地をバターにくぐらせる方法などさすが、と感心することしきり。サクッ、ホロッとして、バターの風味がふわっと香るコーヒーにぴったりのビスケットです。

材料 ［10個分］

- 薄力粉 ………… 100g
- ベーキングパウダー ………… 大さじ1/2
- 塩 ………… 小さじ1/2
- 生クリーム ……… 100cc
- ピンクペッパー（手でつぶす） ………… 大さじ1
- 溶かしバター …… 適宜

how to...

[下準備]

●オーブンは200℃に温めておく。 ●薄力粉とベーキングパウダーはボウルに合わせふるっておく。

1. ボウルにふるっておいた粉類、塩、生クリーム、ピンクペッパーを合わせ、ひとまとまりになるまでしっかり混ぜ、冷蔵庫で30分休ませる。

2. 生地を厚さ1cmに伸ばし、10等分に切る。

3. (2)を溶かしバターにくぐらせ、200℃のオーブンで約12分焼く。

材料　　　［マフィンカップ9個］

［生地］

バナナ ・・・・・・・・・・・・ 2本
無塩バター ・・・・・・・・ 60g
砂糖・・・・・・・・・・・・・・ 60g
サワークリーム ・・・・・・ 90g
薄力粉 ・・・・・・・・・・・ 100g
ベーキングパウダー　小さじ1/2
ベーキングソーダ　小さじ1/2
卵・・・・・・・・・・・・・・・・ 1個
バニラエッセンス　小さじ1/2

［クランブル］

砂糖・・・・・・・・・・・・・・ 60g
薄力粉 ・・・・・・・・・・・ 100g
無塩バター ・・・・・・・・ 60g
シナモン ・・・・・・ 小さじ1/4

how to...

［下準備］
●オーブンは180℃に温めておく。　●生地、クランブルとも粉類は合わせてふるっておく。　●バター、サワークリームは常温に戻しておく。　●バナナはフォークでつぶしておく。　●クランブル用のバターは1cm角に切り、ボウルに入れて冷蔵庫で冷やす。

1. 生地を作る。ボウルにバター、サワークリームを入れ、砂糖を加えて白っぽくなるまでよく混ぜ、ふるった粉類を加えてさっくりと混ぜ合わせる。粉っぽさがなくなったら、つぶしたバナナを加える。

2. クランブルを作る。冷蔵庫からバターを出し、そこに薄力粉、砂糖、シナモンを加え、両手を軽くこすり合わせて混ぜながら、さらさらな状態にする。
※バターが溶けないように手早く行うことが大切。

3. (1)に溶いた卵を少しずつ加え、その都度よく混ぜながら全量を加える。さらにバニラエッセンスを入れ、よく混ぜる。

4. 生地をお玉などでカップに注ぎ、上からクランブルをバラバラと散らして180℃のオーブンで15分焼く。

Chapter II　料理すること　ホームメイドのおやつ

recipe #081
Yuki's Banana Muffins
Yukiのバナナマフィン

ニューヨークに住む娘・Yukiのお得意マフィン。
子育て真っ最中の彼女は、子どもたちの食べ物は手作りが基本だから大忙し。
そんな彼女が家事の合間にちゃちゃっと作っているのがこのマフィン。
バナナの甘い香りとバターの香ばしさ、しっとり、ホロッとした食感は
近所の子どもたちはもちろん、大人にも大人気です。

recipe #082
Apple Cheese Cake
アップル チーズケーキ

濃厚なチーズの旨みが魅力のベーシックなニューヨークチーズケーキに
季節のフルーツジャムをトッピング。りんごの他に桃、苺、オレンジなどで変化をつけてもいいですね。
ジャムは電子レンジで簡単・スピーディーに作れるから、ぜひ季節ごとのフルーツでアレンジしてみて。

材料　[15cm型1台分]

- クリームチーズ……180g
- グラニュー糖………60g
- 薄力粉……………10g
- 塩…………………0.2g
- 卵黄(Mサイズ)……2個分
- 牛乳………………100g
- バター………………5g
- バニラエッセンス……2滴
- 卵白(Mサイズ)……2個分
- レモン汁…………大さじ1
- レモンの皮(すりおろし)
  ……………………1/2個分
- ミント………………適宜

- りんご(紅玉)………1/2個
- バター………………適宜

[グラハムクッキー]

- 薄力粉……………48g
- グラハム粉…………36g

[A]

- 牛乳………………18g
- グラニュー糖………18g
- サラダ油…………12g
- 塩…………………少々
- バター(常温に戻す)…24g

how to...

[グラハムクッキー・下準備]
- セルクルにアルミホイルを敷いておく。
- オーブンを180℃に温めておく。

1. ボウルに(A)を全量入れ、よく混ぜ合わせる。
2. ふるった薄力粉とグラハム粉を(1)に加え、ひとつにまとめる。
3. めん棒を使って天板に薄く広げる。
4. 180℃のオーブンで20分焼成する。
5. 焼きあがったら粗熱を取り、袋に入れてめん棒で細かく砕く。
6. (5)にバターを加えてよく混ぜ、セルクルの型に敷き詰める。

[アップル チーズケーキ・下準備]
- オーブンは180℃に温めておく。　● クリームチーズは常温でやわらかくしておく。　● レモン汁は絞っておく。　● 牛乳とバターを湯煎で人肌に温める。

1. 大きめのボウルに、クリームチーズを入れ、泡立て器でやわらかく練っておく。卵黄とグラニュー糖半量を入れてよく混ぜ、そこにふるった小麦粉と塩を加えてさらによく混ぜ合わせる。
2. (1)に湯煎で人肌に温めた牛乳とバターを加えてなめらかに混ぜ合わせ、レモンの絞り汁とレモンの皮のすりおろしを加える。
3. 別のボウルに卵白を入れて泡立てる。残りのグラニュー糖を3回に分け加えながら、ピンと立つぐらいのメレンゲを作る。
4. (2)にメレンゲを2回に分け加え、泡を壊さないようにゴムベラでさっくりと混ぜ合わせる。
5. グラハムクッキーを底に敷いた型に流し込み、180℃のオーブンで30分焼く。焼けたら粗熱をとっておく。
6. りんごをスライスする。フライパンにバターを熱し、溶けたらりんごを加えてこんがりとソテーする。
7. 粗熱をとったチーズケーキの上にりんごジャムをぬり、(6)のスライスしたりんごを放射状に並べ、真ん中にミントを飾る。

recipe #083
Apple Jam
りんごジャム

材料

- りんご 1個
- 砂糖 100g
- レモン(スライス) 1/2個分
- クローブ 2粒

how to...

1. りんごは皮をむき、すりおろす。
2. 耐熱容器にりんご、砂糖、レモンのスライス、クローブを入れてふたをせずに電子レンジ600Wで15分加熱。途中7分ぐらいで1回取り出して全体をかき混ぜる。
3. りんごに透明感が出てきたら混ぜてふたをし、余熱で火を通す。

Chapter II ― 料理すること ― ホームメイドのおやつ

recipe #084
Marsh Mallow and Fruit
マシュマロ フルーツ

マシュマロの発祥はなんと古代エジプト。
もともとはマロー（ウスベニアオイ）のハーブと
はちみつを練った喉薬だったのだそうです。
それが時代とともにマローを入れずに
砂糖と卵白を加えただけのお菓子になり、
名前だけが残りました。
マシュマロクリームは前日から作って冷蔵庫に入れておくと
トロッといい感じに仕上がります。
フルーツはいただく直前に入れるようにしましょう。

how to...

1. マシュマロクリームを作る。生クリーム、卵黄、ブランデーを混ぜ、その中にマシュマロを浸けて3時間以上冷やしておく。マシュマロが大きければ1〜2cmの角切りにする。
2. りんごはいちょう切り、マンゴー、キウイフルーツは皮をむき、パイナップルと共に2cm角に切り、バナナは1cmの輪切りにする。
3. (1)のマシュマロクリームにパイナップルのシロップとレモン汁を入れて(2)を混ぜ合わせ、ミントを飾る。

※ 3時間以上マシュマロクリームを冷蔵庫で寝かせておくと、マシュマロからゼラチンが溶けてとろみが出る。

材料　[4人分]

[マシュマロクリーム]

マシュマロ	50g
生クリーム	200cc
卵黄	3個分
ブランデー	少々
りんご	1/4個
マンゴー	1/2個
キウイ	2個
パイナップル(缶詰)	3枚
バナナ	1本
パイナップルのシロップ	大さじ2
レモン汁	大さじ2
ミント	適宜

recipe #085
Three Jelly Parfait
3色ゼリーのパフェ

3色のフルーツと
ゼリーがキラキラきれいなパフェ。
ミント・シロップの香りが爽やかにマッチします。
ゼリーとシロップさえ仕込んでおけば、
あとはフルーツをカットするだけなので
お客さまのデザートにもさっと作って出せます。
フルーツは季節で変化させて、
シロップもいろんなハーブで試して、
お好みのパフェを作ってみましょう。

Chapter II ｜ 料理すること ｜ ホームメイドのおやつ

材料　　　　　［2人分］

スイカ	………	1/4個
メロン	………	1/4個
マンゴー	………	1/2個

［ゼリー液］

粉ゼラチン ………… 10g
（水大さじ2で煮溶かす）
水 ………………… 400cc
砂糖 ……………… 大さじ2
レモン汁 ………… 大さじ1
コアントロー …… 大さじ1/2

［ミントシロップ］

ミント ………… 4〜5枚
水 ……………… 100cc
グラニュー糖 ……… 70g
ミント（飾り用）…… 適宜

how to…

1. 鍋にゼリー液の材料をすべて合わせ、煮立たせてからボウルなどに入れ冷やし固める。
   スイカ、メロン、マンゴーをくり抜き器やスプーンでくり抜く。

2. (1)のゼリーをスプーンでクラッシュし、スイカ等のフルーツと交互にグラスに入れる。

3. ミントシロップを作る。
   小鍋にグラニュー糖と水を入れ、煮溶かして、ミントを加えて香りを移す。(2)の上に(3)を少しかけて、ミントを飾る。

Taste of the Season

季節の暮らしの知恵

季節の実りをおいしくいただくための昔ながらの保存食や調味料。
そこには、日本の暮らしの知恵が生きています。
毎日の暮らしの中で、食卓から季節を感じてみませんか。

recipe #086
Honey Pickled Plum

梅のはちみつ酢漬け

梅をはちみつに漬けておくだけの簡単なレシピ。
できあがった梅はそのままフルーツとしていただいたり
ケーキやアイスクリームなどお菓子の材料にしたり。
シロップは冷水やソーダで割ってドリンクとして楽しめます。

材料 [容量2ℓの容器1本]

青梅	600g
米酢	1000cc
はちみつ	250cc
焼酎	適宜

how to...

1. 梅は一晩水に浸けておく。

2. ヘタを取りざるに上げ、よく水気を切り、焼酎でよく拭く。

3. 密閉瓶に(2)を入れて米酢を注ぎ、はちみつを入れて3ヶ月以上置く。（1年は梅を入れたままでよい。その後は酢を小さな器に入れるとよい。）

材料［容量2ℓの容器1本分］

赤紫蘇	400g
レモン汁	1個分
砂糖	600g
水	2000cc

recipe #087
Red Perilla Juice

紫蘇ジュース

ほんのり紫蘇の香りが爽やかで甘酸っぱい味が魅力。
冷水やソーダで割って楽しみましょう。
目にいいアントシアニンや美肌ビタミンがたっぷり、
夏バテ防止にもおすすめのビューティードリンクです。

how to...

1. 赤紫蘇の葉を枝から外して洗う。水を沸かして、沸騰したら赤紫蘇を入れ、10分ほど茹でる。
2. 葉をざるでこし取り、よく絞る。
3. 残りの液に砂糖を入れて煮溶かす。砂糖が溶けたら火を止めてレモン汁を注ぐと、きれいな赤色に変わる。
4. 冷めたら消毒した瓶に入れて冷蔵する。

Chapter III ― 季節の暮らしの知恵

recipe #088
Pickled Plum ~Umeboshi~

梅干し漬け

伝統のレシピながらも、塩分控えめ、梅の甘さを生かして作りました。梅肉はいろいろなお料理にも利用できるので、1年分、しっかり作って保存して。

how to...

1. 梅は洗って水気をよく拭き取る。竹串を使って梅が傷つかないようヘタを取り除く。
2. 保存容器に梅と塩を交互に入れて上から落し蓋をする。
3. 3～5日して梅がひたひたに隠れるくらいまで梅酢があがってくるので、実が完全に浸かる状態で保存する。冷暗所に保存し、時々カビが生えていないか確認する。
4. 赤紫蘇は葉のみを用いる。水で洗った後、適量の塩で揉んで黒い汁を洗い流す。
5. (3)の容器から梅酢を200ccほど取り、その中に(4)の赤紫蘇を漬けて揉む。赤い汁が出たら汁ごと容器に戻し、重石をして土用(7月下旬)のころまで置く。
6. 土用のころ、晴天の日を選んで土用干しをする。赤紫蘇は固く絞って、梅と一緒にざるやすだれの上に広げて3日ほど干してからまた汁に戻す。赤紫蘇の葉を上にかぶせて冷暗所に保存する。

材料［容量6ℓの容器1本分］

完熟梅	2kg
粗塩	360g
赤紫蘇	1kg
塩	大さじ5
落し蓋	1枚
重石	2kg

recipe #089
Homemade Ponzu Sauce
わが家のぽん酢

お家で作るぽん酢は、なんといっても新鮮で
酸味、塩気、甘み、コクなども
お好みの味にアレンジが可能。
いろいろな柑橘類を混ぜて使ってもおいしいですよ。

how to...

1. しょう油に花がつお、昆布を入れ、2～3日冷蔵庫に入れて寝かせる。
2. 柑橘類の果汁を搾る。
3. (1)をこして(2)と合わせて瓶に入れ、冷蔵する。

※甘みが欲しい場合は、煮切りみりん（沸騰させてアルコールを飛ばしたみりん）を加える。

材料　　　　　［1ℓ分］
柑橘果汁（ゆず、すだち、
　オレンジ、レモンの果汁など）
　‥‥‥‥‥‥　500cc
しょう油　‥‥‥‥　500cc
花がつお　‥‥‥‥　50g
昆布　‥‥‥‥‥‥　30g

recipe #090
Furikake ~ the Tanaka's Tradition
田中さんちのふりかけ

昔はふりかけも、お家で手づくりでした。
大阪の家庭に伝わる、
パパッとできてご飯がもりもり進む常備菜。
お弁当にも大活躍です。

材料　　　　　［300g分］
粉がつお　‥‥‥‥　200g
しょう油　‥‥‥‥　200cc
グラニュー糖　‥‥　200g
くるみ（粗みじん切り）‥ 100g
松の実　‥‥‥‥‥　100g
ごま、塩昆布　‥‥　適宜
きざみのり　‥‥‥　適宜

how to...

1. 粉がつお、くるみ、松の実をフライパンに入れて弱火にかけ、香りが立つまでから炒りする。
2. グラニュー糖、しょう油を加えて炒り煮にし、火を止めてから塩昆布、ごま、きざみのりを混ぜ合わせる。

Seasoning Selection
調味料を選んで使う、ということ。

普段、何気なく使っている調味料、
あなたはその裏側のラベルをきちんと読んだことがありますか？
調味料は長期間保存できるものがほとんどですが、
そのために保存料や添加物が多く含まれていることがあります。
もちろん、すべての調味料を手づくりすることは現代の生活では難しいことです。
だからこそ、きちんと丁寧に作られた安全でおいしい調味料を選ぶということが
食の安全のためには大切だと考えています。

Chapter Ⅲ｜季節の暮らしの知恵

塩・砂糖・しょう油・油・みそ・ソースetc

この本でも手づくりのマヨネーズやケチャップ、ぽん酢などの簡単な作り方をご紹介していますが、普段使っているあらゆる調味料に目を向けてみてください。今、市場には昔ながらの方法で丁寧に手づくりされた商品がたくさんあります。また、油はできるだけ天然の植物性油脂にこだわって選ぶということ。家族の健康を考えるなら、少しずつでも取り入れていきたい習慣です。

「京都 福島鰹 愛子さんの美味しいだし」

鰹節、さば節、うるめ節、昆布、松茸などの天然素材をブレンドし、家庭で簡単にコクのある本格的な合わせだしが作れるだしパック。沸騰した湯に入れて煮出すだけで、本格的なプロの出汁を引くことができます。何よりも素材選びにこだわり、京都の老舗ならではの長年の経験で独自にブレンドした「ブレンド削り節」ならではの深いコクと味わいが特徴です。

「野菜の愛情」

化学調味料（アミノ酸）、着色料、保存料、動物性素材を用いず、野菜だけで作られたやさしい味わいのスープの素。
和洋の料理を問わずに味付けに、湯で溶いてスープに、煮込み料理にと多彩に使え、野菜ならではの甘みとコクが効いた深い味わいを醸し出します。

113

みんなでいただく

さぁ、お料理ができたらみんなでいただきましょう。
幼い頃、私は大家族で大きくなりました。
そして毎晩のように夕飯時の来客があるので、食卓はいつも賑やかでした。
ともに食べる喜び、ともに分かち合う時間の尊さ、語り合う楽しさはいつまでも私の心の宝物です。
それとともに、食卓できちんと、美しく食べること。
食卓を器や道具で美しく彩り、おもてなしをする気持ちもまた、大切にしていきたいことのひとつです。
普段の食卓も、そしてお祝い事やイベントのテーブルも
小さな工夫をこらすことで、日々の食卓がもっと楽しくなります。

LET'S EAT TOGETHER!
集いのテーブル

「Potluck Party」（ポットラック・パーティー）は、アメリカで始まった持ち寄りパーティー。カジュアルでアットホームが基本。肩肘張らず、押し付けがましく無く、お互いを受け入れる豊かな心があれば、楽しいギャザリングになること間違いなし！あらかじめ誰が何を持ってくるのか下打ち合わせをしておき、ワインや飲み物も分担しましょう。友達の得意料理を楽しめてレシピが交換できるから、お料理レパートリーも広がります。

Chapter IV　みんなでいただく

お家にあるナプキン、お皿、カトラリーは、色のコーディネートを考えてアレンジすると、素敵なテーブルに。最近はワンコイン・ショップにもかわいいデザインの紙皿や紙コップなどが多いので、気軽なパーティーにはぜひ活用してみて。

LET'S EAT TOGETHER!
和のしつらえ

知っているようで知らない日本の食卓のルール。箸や器の使い方、器の種類、陶器や漆器などを、季節に合わせてコーディネートする食卓は日本ならではの美しさ。和の日常使いをもっと暮らしに取り入れてみましょう。

夏の季節感を演出した食卓。すだれ状のマットや季節の植物などで涼しさを演出します。

LET'S EAT TOGETHER!
折敷を使う

ちょっとしたホームパーティーや、改まった気分を演出したい時には、折敷やランチョンマットを使うだけで食卓の雰囲気が引き締まります。本格的な塗の折敷はもちろんのこと、白木などいろいろな素材のものがありますので揃えておくと便利です。

Chapter IV　みんなでいただく

LET'S EAT TOGETHER!
小鉢のあしらい

日本のように小鉢や小皿のコレクションがある国は他に見たことがありません。季節の柄や型、とりどりの色合いに、ガラスや陶器…。日本料理はお箸で食べるので、小鉢にちょこっと入れた小さな物でもつまめます。やさしい和食の味のアクセントに珍味や和え物などを入れて、弁当箱や折敷にきれいに並べて前菜や箸休めに。かわいいなぁ〜と思う小鉢を見つけたら、一つずつ買いそろえて棚に飾るのもいいですね。

LET'S EAT TOGETHER!
聖夜の食卓

いつの間にか日本でも世界でもクリスマスは「世界の平和」を祈る日となりました。いろいろな国からやってきた移民の人々が集うニューヨークでは「Happy Holiday」と声掛け合いながら、無事に今年も終えられる喜びを分かち合います。
ピュアレッド・フォレストグリーン・ゴールド・シルバーといったクリスマスカラーを用いたコーディネートを中心に、キャンドルやクリスマスグッズを添えてあなたらしいテーブルを作りましょう。

食卓の温かな雰囲気を演出し、人と人の距離を縮めてくれるのはロマンチックなキャンドルの灯り。この日は蛍光灯を消して、ヨーロッパの食卓のように心おごそかにロウソクの灯りだけで過ごすのもいいですね。

Chapter IV｜みんなでいただく

赤と黒でコーディネートした新春の食卓。器は伝統の塗のものを中心に華やかな雰囲気を演出。祝い箸には家族の名前を記して。お屠蘇の杯から始まるお正月の食卓では、ひとつひとつの小さな行為に新年への思いが込められています。

LET'S EAT TOGETHER!
初春のお祝い

年の暮れ、人々は新たな年神様を迎えるために、家中を清め、門松やしめ縄を飾り、鏡餅や蓬莱（神様を迎える依り代に米を供え、海老昆布、串柿、松や裏白など常緑樹の葉を飾る）をお供えします。その「かたち」は地方により、家々により、実に多彩ですが、「かたち」を整え、心を整えて、新しい年に幸多かれと祈る心は今も変わりません。同じように、お正月にまつわる食器や漆物、お道具は日本の美しい「かたち」として伝えていきたいものです。

FARM TO OUR TABLE
動き始めた、食と地球の未来
～広がる「食卓の上のフィロソフィー」の軌跡～

@ SCHOOL
「食育」の一環として
育てる・料理する・みんなで食べるを実践

いま、学校教育の現場にも、徐々に「食卓の上のフィロソフィー」が広がりつつあります。
日常の生活や学校で過ごす時間の中で
自然と「食と地球の未来」についての知識や経験を身につけていく機会として
多くの学校や施設が取り組みを始めています。

@ 大阪樟蔭女子大学

田中愛子が教授を務めるライフプランニング学科に日本初の「フードスタディ」が学べるコースを開講。食を通して文化、ビジネス、地球環境、メディアなど多彩な分野を学べるコースとして注目を集めています。2015年に新設したキッチンでは最新の機材で世界の料理が学べます。

@ 大阪樟蔭女子大学附属幼稚園

園内に「みんなの畑」「ハーブ園」があり、野菜やハーブを子どもたちの手で育て、収穫する過程を楽しんでいます。また年齢に応じた調理に挑戦する機会も設けています。

@ 樟蔭高等学校

「食卓の上のフィロソフィー」のコンセプトに基づき、食材を選ぶ力、調理する技術を身につけます。
「Farm to our table」〜畑から食卓へ〜 のテーマに沿って、学内専用ファームで作物を育て、調理し、食するという豊かな食の循環を体感。食のスペシャリストとして多分野で活躍できる未来を夢見る学生たちが学んでいます。

世界の平和を願い、奈良・薬師寺の参道に毎年ハーブや野菜を植える「薬師寺薬草園再興プロジェクト」にも参加しています。また、マカオインターナショナルスクールの高校生が来日する際には、日本料理講習を通した国際文化交流も行っています。

@ ごきげん食堂

学内にはフードスタディコースの教育を実践した学食「ごきげん食堂」があります。田中愛子の監修によりグリーンハーバリスト 堺 美代子さんが運営。季節の恵みたっぷりのランチを提供しています。

Chapter V ── 動き始めた、食と地球の未来

❷ アサンプション国際幼稚園・小学校

キリスト教精神のもと、幼稚園から小・中・高校までの一貫教育を行うこの学院においても「食卓の上のフィロソフィー」を基本とした食育教育が実践されています。幼い時期から畑での作物の栽培を通して土にふれることや、パン作り、テーブルマナー講座などを通じ、自然の恵みを体感し、食物に対する知識や感謝の気持ちを養うことを目的としています。

食卓の上のフィロソフィーを実践する学校・幼稚園など

池田市立石橋南小学校	YMCAしろがね幼稚園	豊中市立とねやま幼稚園	生駒市立大瀬中学校
池田市なかよし子供園	ホザナ幼稚園	豊中市立ゆたか幼稚園	四條畷学園小学校
聖母被昇天学院幼稚園・小学校	大阪教育大学附属池田小学校	大阪市立堀江幼稚園	豊中市立野畑小学校
	聖ミカエル国際学校	八尾私立曙川南中学校	豊中市立のばたけ幼稚園
大阪樟蔭女子大学附属幼稚園	奈良県立大淀養護学校	八尾市立久宝寺中学校	愛光保育園
千里ひじり幼稚園	奈良県立高等養護学校	八戸の里幼稚園	八尾市立丘東中学校
瀬川保育園	ウィローブルック	大阪教育大学附属平野小学校	豊中市立中豊島小学校
池田私立伏尾台小学校	インターナショナルスクール	豊中市立しんでん幼稚園	八尾市立桂中学校
ルンビニ学園幼稚園	世田谷区立九品仏小学校	池田市立緑丘小学校	箕面こどもの森学園
大阪市立中津小学校	堺市教育委員会	東大阪市立池島中学校	他
豊中市立西岡小学校	茨木市立葦原小学校	大阪市立新生野中学校	
大阪市立愛珠幼稚園	宣真幼稚園	大阪市立新巽中学校	
宣真高等学校	豊中市教育委員会	豊中市立てらうち幼稚園	
箕面自由学園幼稚園	豊中市立せんなり幼稚園	豊中市立てしま幼稚園	

@ 豊中市立西丘小学校

学校内に設けられたハーブガーデンには、多種多様なハーブやイチゴなどの果実、ラベンダーなどが植えられています。子どもたちのみならず、お母さん方や地域の方々も参加して定期的に手入れされ、みなさんでハーブの収穫を楽しみ、収穫したハーブを用いた料理や石鹸づくりなどを楽しむイベントも企画されています。

@ COMMUNITY
地域のみんなとともに
地球の未来を考える、行動する

マンションの駐車場棟の屋上スペースに住民みんなが参加して作るコミュニティ・ファームが誕生。

@ グランロジュマン豊中少路

マンションの屋上に緑の共用スペースを設ける例は都心の物件で増えつつありますが、MID都市開発が手がけた「グランロジュマン豊中少路」では、マンション内の駐車場の屋上に土を盛り、水道を引き、広々とした畑を造設しました。全628戸というビッグプロジェクトとして誕生したこのマンションには小さな子どもたちのいる家族も多く、住人が任意で畑づくりに参加できるこのコミュニティ・ファームは、子どもたちにとってはまたとない食育の場。ファームのオープン日には、たくさんの家族が訪れ、普段は子どもたちと遊ぶ時間が少ないお父さんたちも積極的に畑づくりに参加していました。子どもたちは、自分たちで植えたトマトやレタスを食べる日を心待ちにしているそうです。

Chapter V ｜ 動き始めた、食と地球の未来

食から始まるこの国の未来を見据えて。
「食卓の上のフィロソフィー」応援団

@ PROFESSIONAL 〈料理のプロフェショナル〉

全国日本調理技能士連合会
室田 大祐

「とよなか 桜会」
満田 健児

「フランエレガン」
浮田 浩明

「パティスリー KARAKU」
岩崎 能久

「アンビアント」
松尾 清史

「ビストロ ハシ」
橋村 信治

「トラットリア IL FIORETTO」山口幸男／「クッチーナ笠井」笠井宏之／「ロベルト・カレラ」谷上卓哉／「SOSHU SQUARE」西山伸一／「イタリア料理 菴」木全順一／「蕎麦屋木田」木田伸也／「en-kitchen」Chiaki／「l'epice」大久保たえ／「Cafe Borage」青山加奈／「和食処 和」横井和樹／「リストランティーノ バルジェット」辻井宏昌／「中国華膳 彩菜」大宣味 剛／「麺料理ひら川」平川千人／「ベスト サーブ」平川千麿／「韓国伝統料理 尹家」尹 美月／「鶏料理専門店 楽喜」松浦宏行

@ PERSONAL 〈個人〉

栗原はるみ／滝田 栄／西村和夫／法相宗大本山薬師寺僧侶 村上定運／京都嵐山妙林寺 住職 植田観肇／大阪市会議員 山本長介／泉佐野市議会議員 向江英雄／あべまりえ／Greg De Saint Maurice／曽我和弘
[NewYork] George Benson／Melanie Underwood／Eric Gestel／Yuki Tanaka Gestel／Queenie Fok
[Losangels] Naofumi Okamoto／Yayoi Tezuka／Sean Streets／Sabrina Trichery
[Australia]〈Sydney〉Martin Buggy／Melissa Edyvean〈Perth〉GwenParsons〈Tasmania〉Lydia Davey／Hide Nakano／Ben & Sarah
[Singapore] Aruma Kawabata／Aurea Octavina　[Malaysia] Chee Yeong／Atiyah Saadon
[France] Iwane Rigaut　[Iran] Mohammed Naji Matar　[Sri Lanka] Ravi Abeykoon

@ ENTERPRISE, ORGANIZATION 〈企業・団体〉

茨木市障害教育センター／枚方市なかなかの森／茨木市マイウェイいばらき／茶道扶桑織部流／食育ハーブガーデン協会／大阪21世紀協会／豊中少路グランロジュマン／クロレラ工業株式会社／Gustolabo International Institude／株式会社OHP／日本料理国際化協会／福島鰹 株式会社／株式会社パース／株式会社都市計画／株式会社中村園／株式会社日本環境テクノロジー／株式会社バイオアグリス／株式会社無手無冠／株式会社 太鼓亭／薬師寺門前アムリット／薬師寺薬草園復興プロジェクト／大阪日本調理師技能士会／日本ハラール協会／株式会社 マック／株式会社コピーズ／MIYUKI 株式会社／株式会社都国際ツーリスト／リスタクリナリースクール／木曽福島ペンションアルパイン／木曽町栄養教育OB会「えごまの会」／キャティMM／湯浅醤油有限会社／株式会社笹倉玄照堂／株式会社エキスパート関西／株式会社エスプリライン／株式会社ヒーローインターナショナル／株式会社クレオール／株式会社ジュエリーカミネ／スタジオ・クロノア／株式会社リ・ライフ／株式会社シグマ開発／株式会社フィットライフ／有限会社鵜の池製茶工場／株式会社 上方銀花／がんこ寿司「石橋苑」／株式会社ディーラリエ／株式会社TEN／打打打団天鼓／株式会社オーケーブランド／株式会社 野乃鳥／ネイビー株式会社／food&design CONVEY／日本食品ペプチド研究所株式会社／株式会社コンディ／連帯ユニオン関西地区生コン支部／株式会社ドリームエージェント／BONDI CHAI Co,Ltd／豊中国際交流の会／TLCフラワーの会／丸徳商事株式会社／株式会社ハーヴェスト／グッドマンベーカリー&カフェ

※敬称略・順不同

AIKO TANAKA
田中愛子

大阪樟蔭女子大学教授
食育ハーブガーデン協会理事長
日本料理国際化協会理事長

1949年	4月17日大阪に生まれる。
1972年	大阪 樟蔭女子大学英米文学科卒業。
1981年	料理家 吉岡昭子氏の元で料理を、福西信子氏の元で製菓を学ぶ。
1986年	ニューヨーク五番街のオリンピックタワーにて高級日本料理店『SHINWA』オープン。数多くのセレブリティが顧客として訪れる。その傍ら、現地でのパーティー、ケータリング、日本料理講習などを手がける。
1991年	オーストラリア タスマニア州のリゾート開発事業を州政府と共同でコーディネート。そのプロジェクトを通じて、オーガニックと環境保全について学ぶ。
1995年	ニューヨーク PeterKump CookingSchool「現 I.C.E Institude of Culinary Education」にて本格的に料理を学ぶ。
1997年	NHK『きょうの料理』に出演。
1999年	「食」を多角的にプロデュースする会社「キッチンカンバセーション」設立。
2001年	著書『おいしい！たのしい！グッド ギャザリング』（文化出版）を発刊。その後、雑誌、新聞などのメディアにおいて暮らしと料理に関するエッセイ、著書を多数発表する。
2004年	世界の家庭料理を学ぶ『リスタ クリナリー スクール』を大阪に設立。日本初の「料理研究家養成コース」「ケータリングプランナー養成コース」などにおいて人材育成に力を注ぐ。その傍ら、各種の食のメディアにてニューヨーク、タスマニアなど海外取材を多数担当。
2009年	『食育ハーブガーデン協会』設立。関西を中心に精力的に活動の和を広げる。
2011年	「食卓の上のフィロソフィー」を理念とした樟蔭高等学校・栄養健康コースにおいて教育アドバイザーの任を受ける。
2012年	「日本ハラール協会」との連携で「ハラール和食」の推進、講演会などを行う。
2013年	マレーシア・クアラルンプールにて開催されたMIHAS＝マレーシア国際ハラール食品博において、ハラール認証を受けた食品メーカーの食材を使って日本料理のデモンストレーションを行い、好評を得る。現地の大臣の来訪を受け、各国メディアからも取材される。
2014年	大阪樟蔭女子大学教授の任を受け、日本初となるフードスタディコースを創設。合わせて同高等学校にも「フードスタディ専科」を設立。インテックス大阪で開催されたAsian Food Showにて「ハラール和食」のデモストレーションを実施。
2015年	日本料理国際化協会を設立。全日本調理師技能士会と日本ハラール協会とのコラボレーションにより「ハラール調理師認定資格」の設立に携わる。ASFS (Association For the Study of Food and Society)学会に出席する。
2016年	香港で発刊の日本観光情報フリーペーパー「WATTENTION」に日本文化と日本の家庭料理を紹介するコラムを提供。ASFSトロント学会に出席。「日本料理の危機」について講演。10月に新刊本『食卓の上のフィロソフィー』（旭屋出版）発刊。

WITH ALL MY HEARTS...
あとがきにかえて

「食卓の上のフィロソフィー」を育んだ時代の空気と未来への希望と

私は1949年、大阪に生まれました。戦後の大阪は中小企業が戦後復興の要となり、人々は戦後の自由を噛みしめながら働く意欲に満ち、街は活気にあふれていました。わが家は4世代の大家族。曾祖母、祖父祖母、母、妹と私。母は一人娘で父が養子に入りましたが、家との折り合いが悪く離縁したので、私は父の顔を知りません。それでも、私の家族の他に祖母の兄の娘と息子、大陸から引き揚げて来た家族や地方から中学校を終えて集団就職でやってきた若い人たちも一緒に賑やかに暮らしていましたから、淋しさは感じませんでした。そんな大人数で朝に夕に膳を囲みますから、祖母を中心にお勝手はいつも忙しそう。高下駄のカタカタ鳴る音がして、へっついさん（かまど）に乗っている釜からご飯の炊ける匂いがしたのを懐かしく思い出します。家族のために朝に夕に働く女たちの姿が私の「食」の原風景なのです。

1962年に私は樟蔭中学校に入学し、高校、大学へと進みました。大阪の中小企業や近鉄奈良線沿いの旧家の娘さんが多く通っていた当時は、日本の高度成長がいよいよ本格化する頃でした。私たち樟蔭生はおおらかにその豊かさを享受し、楽しい学生生活を送れたのも時代がもたらした幸運というものでしょう。
そして21才の時、お見合いで結婚しました。まだ大学生だったのですが、両家がたいそう喜んで決まったご縁。10才年上の主人は駆け出しの建築業者でした。大学卒業後、2人の子どもにも恵まれ、忙しい日々を過ごすうち、家族やわが家を訪れる人々に"もっとおいしいものを食べさせたい"と思うようになり、料理家・吉岡昭子先生に教えを受けるようになりました。

そして1986年、あの"バブル景気"の大波が一気に大阪にも押し寄せ、たちまち建築ブームが起こります。当時、業界をリードする立場にあった主人の会社はその波頭に立つこととなりました。事業の多角化により、米国ニューヨークの5番街とニュージャージー州アルパインに高級日本料理店をオープン。それを皮切りにハリウッド、イタリアのミラノ、オーストラリアのタスマニア、シンガポール、上海、ソウルと業種業態の違う事業を展開していきました。私は若いころ英語を勉強していたので、通訳兼ときどき家政婦兼マッサージ師として、主人とともに世界に飛び出しました。

当時は世界中で日本だけが景気がよく、どこの国も経済の停滞に苦しんでいました。家には毎日のようにいろいろな方が来られて夕食をともにし、また外国からのお客様がわが家に泊まることも度々で、私は台所でてんやわんや。そんな中で私の"お家レシピ"が生まれたのです。ところが一転、バブルの波は一気に潮が引くように過ぎ去り、日本の国力と経済力を弱体化させました。これまでの海外事業はすべて撤退することになり、主人は再び国内事業に打ち込む事になります。

そんな中にあって10年の間に子どもたちは成長し、娘はニューヨークのCIA（Culinary Institute of America）で料理を、New York Univercityで「Food Studies」を学んでいましたし、息子も大学進学する頃になっていました。あんなに海外事業に力を注いで、経済の一端を支えてきたけれど、結局は時代に押され、時代に引き戻される…そんな人間の力の限界とはかなさを感じ、私は母として、妻として女性として、人間として今まで何をしてきたのかと考えるようになり、非常に落ち込みました。そんな時、娘が「お母さんは、これまで取り組んできた食について、もっと深い知識を学べばいいんじゃないの？ ただ上手に素敵にお料理するだけでは、見えてこない何かが見つかるはず」と言われ、

目からウロコが落ちました。
そこで私はニューヨークの料理大学・現 Institude of Culinary Educationで始めての"母もすなりプチ留学"に挑戦することになりました。今からもう20年も前のことです。それから猛勉強が始まり、アメリカのフードスタディ関連の本を片っ端から読みあさりました。その甲斐あってか、柴田書店「専門料理」の海外のレストランレビューのコラムを持たせていただくことになりました。

その連載の中で、カリフォルニア州バークレーでアリス・ウォーターズが運営するレストラン「シェ・パニーズ」を取材で訪れる機会があり、私は彼女の「Farm to our table」というコンセプトや、「食卓から革命を起こす」というスローガンに大きな衝撃を受けました。アリス・ウォーターズに出会い、その考えにふれたことで、真に「豊かな食卓」とは、珍しい食材をたくさん並べてお腹いっぱいに食べることではなく、「地球を傷めない心」と「身体にやさしい食べ方」を考えた食卓であるということに気づかされました。そしてさらに、そのフィロソフィーを学び、実践していくことこそが未来を拓く鍵であると思うようになりました。私自身もずっと"家庭料理の大切さを伝えたいけれど、それには何かが欠けている"と、強く感じていたのです。

それ以外にも、この仕事ではいろいろな人々に出会い、さまざまなことを感じました。タスマニアの美しい空、透んだ空気はオーガニックとは何かを私に教えてくれたけれど、オーストラリアの国自体は干ばつと水不足に悩んでいること。ニューヨークは世界中から人が集まり、国を捨てて新天地に挑む人々の切ない想いと、懸命に生きる人間の果てしないエネルギーが渦巻く場所であること。またその一方で、ハイエンドの高級レストランが、チャレンジを続ける貧しい子どもたちに援助の手を差し伸べる志があること。そして、マンハッタンの真ん中に農園をつくり、食育活動をしている若い料理人たちの先見性…。他方、アジアではマレーシア、インドネシアなどの発展途上国がその急激な経済成長に困惑していること。また、クアラルンプールの世界のハラール食展示会に参加し、ハラール日本料理の提案をさせていただいたときには、成長著しいアジアの国々と日本が「食」で結ばれ、食習慣を越えて同じ食卓で分かち合う喜びを体験しました。
この「ハラール」というキーワードは、2020年東京オリンピックに向けて、日本が早急に対応しなければならない食の課題のひとつです。

このようにして世界は「食」でつながり、連動しています。そして今、私たちが食べているものも世界のどこかで誰かの手によって作られています。途上国では本来は自分たちの食べるべき作物を外貨獲得のために輸出してしまい、富める国々はどんなものでも手に入る自由を得ています。そんな今、「食」の大切さをもう一度見つめ直し、「食」を通して世界を学び、次世代の子どもたちや地球のために今できることを考えてみることが大切なのではないでしょうか。
すぐに現状を改善することはできないでしょうが、歴史にはフランス革命、産業革命、明治維新、奴隷解放、女性の参政権、インドなど植民地の独立といった奇跡のような出来事も実際に数多く起こっているのです。待った無しの地球環境や飢えている子どもたちのために、人の想いや意志で社会を変え、未来を切り拓く礎を作りたいものです。そのエネルギーを生み出す基本となる考え方が「食卓の上のフィロソフィー」の10項目なのです。

田中愛子

photograph 宮本 進／山田絵理／塩崎 聰
art direction & design 北野ちあき
illustration 有田真一
editorial & text & styling 中山阿津子／三浦佳子
cooperation 堺 美代子／田中稔之／
池澤幸代／西村弘美／リスタクリナリースクール在校生

食卓の上のフィロソフィー
Aiko Tanaka
Philosophy on our table

発行日：2016年10月27日 初版発行

著　者：田中愛子（たなか あいこ）
発行者：早嶋 茂
制作者：永瀬正人
発行所：株式会社 旭屋出版
〒107-0052
東京都港区赤坂1-7-19 キャピタル赤坂ビル8F
TEL　03-3560-9065（販売）
TEL　03-3560-9066（編集）
FAX　03-3560-9071（販売）
http://www.asahiya-jp.com
印刷・製本：株式会社シナノ

郵便振替 00150-1-19572
ISBN978-4-7511-1236-6 C2077

定価はカバーに表示してあります。
落丁本、乱丁本はお取り替えします。
無断で本書の内容を転載したりWEBで記載することを禁じます。

©Aiko Tanaka & Asahiya-shuppan 2016 Printed in Japan